乌 伤 遗 珍

——义乌市文化遗产图志

义 乌 市 博 物 馆 编

主　编　吴高彬

副主编　黄美燕　金国祯

文物出版社

封面设计　杨春芳
责任印制　梁秋卉
责任编辑　王　霞

图书在版编目(CIP)数据

乌伤遗珍：义乌市文化遗产图志／义乌市博物馆编.
－北京：文物出版社，2008.1
ISBN 978－7－5010－2110－9

Ⅰ.乌…　Ⅱ.义…　Ⅲ.①历史文物－义乌市－图集
②文化遗址－义乌市－图集　Ⅳ.K872.554.2

中国版本图书馆 CIP 数据核字(2007)第 008223 号

乌 伤 遗 珍
——义乌市文化遗产图志

义 乌 市 博 物 馆　编

文物出版社出版发行
北京东直门内北小街 2 号楼
http://www.wenwu.com
E-mail: web@wenwu.com
北京圣彩虹制版印刷技术有限公司制版印刷
2008 年 1 月第一版　2008 年 1 月第一次印刷
787 × 1092　1/16　印张：9
ISBN 978－7－5010－2110－9
定价：128 元

▪目 录

▪ 前 言 ━━━━━━━━━━━━━━

　　义乌市地处浙江省中部，东经119°49′~120°17′，北纬29°02′~29°33′40″。市境东、南、北三面群山环抱，南北长58.18公里，东西宽44.41公里，面积1102.807平方公里。

　　义乌历史悠久，远在五千年前的新石器时代晚期就有先民在这里繁衍生息。相传古时于越境内有一孝子名颜乌，家中一贫如洗，其父死后颜乌徒手挖坑葬父，其孝行感动了天上飞经的一群乌鸦，乌鸦帮其衔泥葬父而喙伤流血。秦王嬴政二十五年（前222年），其部将王翦平定江南，在吴、越两国的旧地建会稽郡，郡内始置乌伤县。西汉末年，王莽改制，始建国元年（9年）曾将乌伤县改为"乌孝"。东汉光武帝建武元年（25年），乌伤县从婺州（今金华）分出，升级为州的建制，命名为绸（今通作稠）州。唐武德六年（623年）绸州分乌孝、华川两县，乌孝县境包括今浦江，县治设今稠城；华川县包括今东阳，县治设今赤岸。唐武德七年（624年），绸州州制撤销，乌孝、华川两县合并，改名为义乌县，遂一直沿用至今。定名义乌，其意与乌伤、乌孝相同，嘉庆《义乌县志·童楷序》："邑以乌名，志孝也。"

　　乌伤大地造就了许多英才人杰，可谓人文荟萃。东汉后期陈王相骆俊；三国孙吴时名将骆统；南朝梁禅宗著名尊宿、义乌双林寺始祖、中国维摩禅祖师、与达摩和志公并称梁代三大士的著名高僧傅翕；7岁即赋《咏鹅》诗、晚年撰写《为徐敬业讨武曌檄》的"初唐四杰"之一骆宾王；北宋杰出的政治家、军事家，我国历史上著名的民族英雄宗泽；宋代最后一位状元王龙泽；元代著名史官、文学家、书法家、画家，被誉为"儒林四杰"之一的黄溍；滋阴学说创立人、中医学上养阴派的代表人物、"金元四大医家"之一的朱丹溪；明代为抗倭寇、平内乱、固边防立下不朽功勋，官至刑部尚书的吴百朋；清代治河名臣、官至兵部尚书兼都察院右副都御史的朱之锡，皆为千古传颂。义乌现代名人陈望道、冯雪峰、吴晗等，更为世人熟知，饮誉华夏。

　　悠久的历史给义乌这座城市留下了极为丰富的文化积淀，不仅在市境内地下蕴藏着新石器时代、商周时期、春秋战国、秦汉及其后历代极为丰富的历史文化遗存，而且在义乌的地面上也保存了数不胜数的历史文化遗产。全市境内由祖先在历史上创造或人类活动遗留的具有价值的不可移动的各类遗存有千余处，其中具有重要的历史、艺术、科学价值，已先后被公布为全国重点文物保护单位2处，省级文物保护单位5处，省级历史文化村镇2处，市级文物保护单位44处，市级文物保护点291处。

文物古迹是历史文化的载体，它是由不断轮回的光阴积淀起来的深厚的传统文化和重要的人文资源，也是当地古代劳动人民汗水与智慧的结晶。勤劳、勇敢、淳朴的义乌人民，用自己的智慧与双手创造出璀璨的文化，为后人留下了极其珍贵的遗产。商周时期，浙江地区广泛流行一种不挖墓穴，平地堆封掩埋的土墩墓，有的土墩墓内还有用石块砌出的长条形石室。石室土墩墓的起始年代较土墩墓要晚，一般在西周中期以后，其消失时间约在战国。在江东街道青口以东的大小山坡上，遗存有不少西周至春秋战国时期的墓葬，它们或平地堆封，或条石叠垒，或挖土坑掩埋，成为义乌市境内迄今发现的时代最早的遗存之一。位于绣湖广场东北侧的春秋战国时期水井，2000年在义乌旧城改造工程中被发现。《周易·井》孔颖达疏："古者穿地取水，以瓶引汲，谓之为井。"该井为古人凿地取水的见证物，下层为岩石质井壁，呈圆形，上层为木质井架，呈正方形，建筑形制为"井"字形木结构半榫叠架而成，这是义乌现存最早的水井，对于研究当时的社会结构、生活、木器加工工艺等具有重要的价值。

塔是一方风物的视角中心，也是一个时代、一个地区的精神与文化的标志性、纪念性的建筑物。中国的古塔是天、地、人之间，理、气、形的结合体。铸造于五代后周广顺二年（952年）的双林铁塔，原有2座，坐落于双林寺山门的左、右两侧，为八面五层仿木结构楼阁式塔。用铁作为建筑材料，在唐代就已出现，现存四川阆中铁塔寺的铁幢铸于745年，以后在五代、宋、金时期都有用铁铸成的塔。义乌双林铁塔比铸造于963年和967年的广州光孝寺内西、东铁塔还要早10余年，它应是中国现存最早的铁塔。

位于绣湖畔的大安寺塔，建于宋大观四年（1110年），系砖木结构六面五层楼阁式塔。其形制来源于中国古代的楼阁，在佛教未传入中国以前，楼阁这种建筑就已有了很高的成就，早在春秋战国和秦汉时期，高楼大阁层出不穷，建筑技术水平很高，但用材多取自木料。由于木材受风雨侵蚀容易糟朽，遇雷电、香火等容易引起火灾，为了防止火灾和风雨的危害，建塔工匠们在建筑材料上开始从木料向砖石材料转变。自隋唐开始，出现了大量的以砖石仿木结构的楼阁式塔。唐代以后多采用砖石材料，大安寺塔的每层塔身都用砖木混砌，即塔身的墙体用砖砌筑，用砖石仿木结构做出门、窗、柱子、斗栱等部分，塔檐、平座、栏杆等用木材建造，塔的壁体内也砌入木梁、木枋并挑出角梁和塔檐。这种结构在宋塔中极为普遍。

桥是工程的实体，也是文化与科学的物质体现。我国秦汉以前的古桥主要是梁式木构桥。两千多年前砖石拱桥开始出现,这在造桥史上是一个极大的飞跃。建造于南宋嘉定六年(1213年)的古月桥,坐落于赤岸雅治街村西侧,横跨龙溪,系采用单拱纵联分节并列砌置法建造,呈五边形的石拱桥。它的结构形制较为特殊,五边形石拱是桥体的主要承重结构,条石之间用横锁石连接,横锁石既是同一拱内纵肋条石的连接结构,又是六列平行石拱的横向连接结构,由于拱形结构和重力的向地作用,石块之间会保持紧密,提高了桥身的稳固性,起到提高桥整体性的作用。拱形还使桥下水面保持较大的空间,不影响汛期洪水的排泄。古月桥是现存时代最早的肋骨拱拱券结构的折边形石桥,对于研究我国古代桥梁的类型及其演变具有重要意义。

古建筑是历史上形成的,是人类为了生活、工作的需要而创造的,是人类赖以生存的最为重要的物质条件之一,它表现的是当时历史阶段社会发展和科学技术的水平以及文化艺术的成就。义乌古代建筑同样有着悠久的历史和丰富的遗存。除前面提到的井、塔、桥等建筑外,民间建筑(包括私家园林和住宅民居)以及各式各样的祠堂、会馆、楼阁、书院、戏台等公共性建筑,其中有不少杰出的作品具有重要的历史、艺术、科学价值。

义乌古建筑民居的数量较多,极具地方特色,现存古建筑民居以明清时期为主,比较有代表性的如义亭镇何店村的何桐生民居、后宅街道陈宅村的萃和堂、义亭镇陇头朱村的官厅、稠江街道大水畈村的察院厅、义亭镇雅文楼村的存古堂等,无论是平面布局、建筑形制还是装饰手法等都具有典型的明代特征。建于清康熙十七年(1678年)的陈大宗祠,既沿袭明代的建筑风格,又保留着清早期建筑的时代特征,构件上布满了雕刻和彩画。彩画是中国建筑特有的艺术,彩画的历史悠久,在春秋战国时期即已兴起,早期彩画保存得很少。明清两代的彩画保存得较多,如义乌的萃和堂、陈大宗祠等,虽然在图案主题上有很大的差异,但在色调上大体相同。彩画主要以朱、青、绿三种为主色,在必要的地方用白或黑线画出界道,图案色彩鲜艳,视觉效果较好。北苑街道柳一村的锄经堂、攸芋堂、存厚堂三座厅堂由祖孙三代分别建造于清乾隆早、中期和嘉庆年间,保存较为完整,是研究浙中地区清乾隆早、中期和嘉庆年间建筑形制变化以及装饰技法发展的实物依据。赤岸镇雅端村现存古建筑较多,规模较大,宗祠、厅堂、戏台一应俱全,古巷、弄堂及周边环境基本保持原貌,位于该村中部的容安堂,是住宅与家祠合一的清中期典型的民居建筑。佛堂镇倍磊四村的义性堂,建于清乾隆五十一年(1786年),门面是五间柱式三层五楼砖雕牌坊式门楼,雄伟大气,浑然天成,这是义乌市境内极为罕见的气派不凡的门楼建筑。

人类从天然洞穴而居、挖穴而居、构木为巢发展到具有地基、墙壁、屋顶三大主要构成部分的地面房屋，随着社会的发展，居住建筑除了满足人们遮风避雨的需要之外，也逐渐被赋予了文化内涵。不同地域、不同民族、不同时代有着不同的生存需要和审美意识，从北方的黄土窑洞，到云南的傣家竹楼；从青藏高原的碉楼土堡，到沿海城市的花园洋房，民居形式可谓多姿多彩。这里特别值得一提的是上溪镇黄山村的黄山八面厅，除了具有白色粉墙，青灰瓦顶配之以青山绿水这种极其幽雅安静的南方居宅庭园风格外，最重要的是黄山八面厅以石雕、砖雕、木雕艺术闻名于世。主体建筑满布雕刻，题材丰富，有单体人物，人物故事，佛、道、神仙、圣哲先贤，有动植物形象，有房屋建筑、风景名胜，有各种图案花纹等，几乎是天上、人间、地下无奇不有。寓意吉祥，有图必有意，有意必吉祥，如双鱼吉庆、瓶生富贵、喜庆三多、岁寒三友、事事如意、金玉满堂、凤穿牡丹、刘海戏金蟾、连年有余、太师少师、和合二仙、吉庆有余、平升三级、五福捧寿、暗八仙纹等。图案形态逼真，雕工精致，雕刻技法集线刻、平雕、圆雕、浮雕、剔雕、镂雕、透雕等工艺于一体，造型生动，形神兼备，栩栩如生，令人叹为观止。黄山八面厅的木雕工艺是乾嘉时期东阳木雕艺术的顶峰之作。

世上所有的一切，不外乎自然与人为两个方面，天地山河、树木花草、鸟兽虫鱼等皆为自然之存在，而遗存至今的历史文化遗产皆为劳动之成果，人类之创造也。自然和文化两个方面的财富是人类赖以生存和祖先世代创造的成果，是人类的无价之宝。中国古代建筑有着悠久的历史和丰富的文化内涵，科学、严整而又灵活的平面布局，以榫卯结合弹性梁柱构架的木结构体系，优美的艺术造型，丰富的雕塑艺术装饰，绚丽和淡雅的色彩等构成了它独特的风格。

义乌市境内丰富的历史文化遗存，印证了义乌人民的勤劳、勇敢和淳朴，他们用自己的智慧和双手创造出璀璨的文化，也为后人留下了极其珍贵的文化遗产，我们为祖先的创造而骄傲，为祖先的智慧成果而深感自豪。我们作为承前启后的一代，应将祖先创造的文化遗产传承给子孙后代，把先人创造的灿烂文化介绍给今人，这是所有文物工作者应尽的责任。

吴高彬
2006 年 8 月

古月桥

古月桥

坐落于义乌赤岸镇雅治街村西侧,横跨龙溪,桥纵轴方位角NE55°,系采用单拱纵联分节并列砌置法建造,呈五边形的石拱桥。桥全长31.2米,底净跨度15米,两侧引桥各为8.1米,拱矢高4.15米,桥面宽4.5米,引桥坡度30°。

桥身分三层叠砌:底层为六列平行布置的五边形石拱,是桥体的主要承重结构。每列石拱用五根长2.8~4米,宽0.3米,高0.55米的条石直砌,条石之间用横锁石连接,全拱共用30根条石、4根横锁石。横锁石长约4.75米,宽0.58米,高0.3米。它既是同一拱内纵肋条石的连接结构,又是六列平行石拱的横向连接结构,起到提高桥稳定性的作用。古月桥承载结构的建筑材料如桥基、纵肋条石、横锁石均为硅质胶结的砾石,矿物成分以石英、斜长石为主。中间层为石板横砌,其规格不一,直接

古月桥桥底肋骨拱

架在承重条石、横锁石上面。桥面以泥沙和块石铺作，桥面两侧设有宽0.5米、高0.4米的压栏石。桥南侧压栏石上阴刻楷书"皇宋嘉定癸酉季秋闰月建造"，应为南宋嘉定六年（1213年）建造。

古月桥纪年文字

秦汉以前的古桥主要是梁式桥，两千多年前砖石拱桥开始出现，这在桥梁史上是一个极大的飞跃。由于拱形结构和重力的向地作用，石块之间会保持紧密，提高了桥身的稳固性。拱形还使桥下面保持较大的空间，不影响汛期洪水的排泄。

折边形拱券结构肇始于汉代，滥觞于两宋，并在此时大量运用于桥梁建筑中，宋代张择端所作的《清明上河图》中的虹桥即为木构折边形拱券的拱桥。此后这类拱桥仅在浙江绍兴一带以及浙南、闽北地区有所保留，而古月桥是现存年代最早的肋骨拱拱券结构的折边形石桥，它对于研究我国古代桥梁的类型及其演变具有重要的意义。

2001年6月25日被公布为全国重点文物保护单位。

黄山八面厅

黄山八面厅

黄山八面厅内景

黄山八面厅位于上溪镇黄山五村,坐西南朝东北,纵轴方位角NE45°,占地面积为2908平方米。前临凰溪,后枕纱帽尖山的谷

黄山八面厅外墙花窗

地,清嘉庆元年(1796年)始建,历时18年,于嘉庆十八年(1813年)建成,由当时富甲义乌的著名火腿商人陈子寀与其孙陈正道建造。

黄山八面厅整体平面布局近长方"回"字形,现存建筑分为三路六院,共64间,建筑面积为2500平方米。以一条中轴线和两条横轴线相交构成八面厅的主体建筑和附属建筑。沿中轴线依次分布有花厅遗址、门厅、大厅、堂楼,中轴线南北两侧分别有两个三合院,中轴线4座厅堂与横轴线的4座厢厅形成8座厅堂,故俗称"八面厅"。

现存建筑除花厅于清咸丰十一年(1861年)被太平天国运动的战火焚毁只剩遗址外,其他7座厅堂保存完好。门厅、大厅、堂楼为宗祠建筑,是整个建筑的核心,是陈氏宗族祭祀、聚会、议事和举行各种典礼的场所,所以规模极其宏伟,布满了繁琐精美的石雕、砖雕和木雕。横轴线上的三合院为家居所在,略显

黄山八面厅外墙砖雕

黄山八面厅外墙砖雕

黄山八面厅外墙砖雕

门户8头，从任何一门进入，都可不湿脚走遍8座厅堂。整个布局严谨、规整、对称、尊卑有序，具有清中期浙中民居典型的风格特征，体现了我国家族生活的伦理观念与家庭的生活习惯。

黄山八面厅的设计构建者匠心独具，所处位置四周群山环绕，前临的凰溪自西北向东南从八面厅前流淌而过，后枕纱帽尖山的谷地，与周围的地理环境、自然风光能极其融洽地结合在一起。粉墙黛瓦，配以变化的马头墙，显得素净雅致。南方民居建筑一般常用前厅后园的设计理念，而八面厅将花园置于整体建筑的最前沿，一方面体现了主人独特的审美观念和生活情趣，另一方面又强调了与周边自然环境的融合，按照地理环境而加以变化。

质朴，在结构上每座院落都有正厅、厢房、走廊、天井等，自成系统。厅与厅之间两相对称，但又各具特色；门厅内部有穿廊走道，廊廊相连；门户18头，厅厅相通。对外有大小

黄山八面厅内景局部

黄山八面厅牛腿

黄山八面厅牛腿

13

黄山八面厅牛腿

黄山八面厅堂楼花窗格心

黄山八面厅门厅梁架

黄山八面厅天花

黄山八面厅天花

　　黄山八面厅用材考究硕大，特别值得一提的是其丰富的装饰，精美绝伦的木雕、石雕、砖雕堪称鬼斧神工。门厅正立面上大量的以道家人物故事为题材的砖雕，线条流畅，造型生动；石雕以缠枝花卉、道八仙、凤纹为题材，形态各异，既抽象又写实。而密布于整座八面厅的木雕为三雕之最，如门厅、大厅的梁、檩、枋、雀替、牛腿、格扇、挑头以及走廊的几腿罩、天花板和门、窗，均布满了雕刻，题材丰富，有单体人物、人物故事、佛道神仙、圣哲先贤故事，也有动植物形象、房屋建筑、风景名胜，还有各种图案花纹等，几乎是天上、人间、地下无奇不有。寓意吉祥，有图必有意，有意必吉祥，如双鱼吉庆、瓶生富贵、岁寒三友、事事如意、金玉满堂、连年有余、和合二仙、吉庆有余、平升三级、五福捧寿、暗八仙等，形态逼真，雕工精致。雕刻技法集线刻、平雕、圆雕、浮雕、剔雕、镂雕、透雕等于一体，造型生动，形神兼备，栩栩如生，令人叹为观止。黄山八面厅是中国古代建筑艺术史上一颗璀璨的明珠，是一座艺术的殿堂，是一座雕刻艺术博物馆，是江南民居建筑雕刻艺术的杰出代表。

　　2001年6月25日被公布为全国重点文物保护单位。

朱丹溪墓

位于义乌市赤岸镇东朱村东朱山塽头庵。朱丹溪墓坐西朝东，台基渐次提高。由墓道至墓地依次需经过甬道、月台和两侧的台阶。墓呈圆锥形，圆柱形墓围，锥形封土。墓围直径12.8米，高1.24米，用条石错砌，水泥勾缝。石质基座，边沿比墓围稍宽。墓围上边安护栏石，下部阴刻弦纹两道。墓前立有著名书法家沙孟海题写的"元名医朱丹溪之墓"墓碑，须弥座。墓地用石墁地，四周围栏杆。

由墓道至月台设青石甬道，月台四周围寻杖栏杆，正中设一香炉，前面两旁各立一根墓阙，题有大、小篆对联。左右分别为朱丹溪墓标志说明碑和朱丹溪生平介绍说明碑。

朱丹溪（1281～1358年），名震亨，字彦修，元婺州路义乌（今浙江义乌）人。朱丹溪师承金华许谦，得朱子之传，又学医于宋内侍钱塘罗知悌，得其真学。朱丹溪博览群书，集各家之精华，在长期的医学实践中，创立滋阴学说，形成丹溪学派。元至正七年（1347年）著《格致余论》，不久又著《局方发挥》、《本草衍义补遗》、《伤寒论辨》、《外科精要发挥》等医学专著，对祖国医学贡献卓著，后人将他与刘完素、张从正、李东垣一起并称为"金元四大医家"。大约在15世纪，丹溪医学传入朝鲜、日本、新加坡，奠定了其在世界医学史上的地位，也为中国医学文化的传承和发扬做出了贡献。日本还成立了"丹溪学社"组织。

朱丹溪墓

朱丹溪墓始建于元至正十八年（1358年），清乾隆十三年、民国三十五年两度重修，后又毁于"文化大革命"时期。现存朱丹溪墓为1982年重修。

1989年12月被公布为浙江省级文物保护单位。

双林铁塔

双林铁塔

该塔位于义乌市佛堂双林寺西侧，为八面五层仿木构楼阁式铁塔。通体用生铁采用分铸法铸造而成。现存塔身两层，腰檐四层，塔顶一层（其中一层腰檐与塔顶合为一层），塔座一座，钩栏一座，残高2.15米，全为铁铸。

据有关资料记载，该塔由野塘公朱禄（870～?年）捐铸，约铸造于五代吴越国统治时期的广顺二年（952年），它是我国现存最早的铁塔。

塔外四周设单钩栏，呈正八边形。每转角处设圆形瓜棱状望柱，寻杖、盆唇、地栿也作瓜棱状。瘿项施云栱，直接用蜀柱穿过盆唇顶住云栱。蜀柱两边华版上铸有缠枝花卉，线条流畅，卷曲自然。

塔基座为须弥座，呈八边形，通高0.48米，叠涩成三层台阶式，并铸为一体。每层平面和侧面均采用压地隐起和线刻等工艺，铸有弦纹以及人物、楼阁、动物、花卉和山峰、海浪等纹饰。

塔身存两层，八边形。下层塔身四面辟壸门，隔间、上下层错开。四面辟假窗，另四面无假窗而铸造出佛像纹样。檐下出铺作，阑额两端均饰螭龙头，中间铸出象征"九山八海"的图案，具有五代时期的风格特征。

腰檐现残存四层，每层自下而上逐层收分，翼角起翘舒缓，出檐深远。翼角铸出角梁，檐的上、下面分别铸有仿木构的椽子和瓦垄，并施飞椽，椽头置兽面勾头、如意滴水，完全仿木构楼阁式塔的形制。从现存腰檐的尺寸分析，第四层当为原来第五层塔檐。

第五层塔檐与现存的塔顶铸为一体，塔顶残存露盘两重，呈一扁葫芦状，通高0.26米。其上部分无存。

1997年8月被公布为浙江省级文物保护单位。

双林铁塔底座

双林铁塔塔身局部

双林铁塔图案

蟹钳形山古墓群

　　该墓葬群为明代乔亭冯氏宗族墓群，位于义乌市城南约25公里的赤岸镇乔亭村南约100米的蟹钳形山坡上。该山原名"下西山"，因墓地两侧有形似巨蟹前爪钳形小山向前延伸，墓地安葬在巨蟹的门腔部位，两棵古柏犹如巨蟹的眼睛，故名。它是义乌目前保存最为完整的宗族古墓葬群。

　　该古墓葬群占地约为2000平方米，共有墓葬14座，其中9座坐西北朝东南，方位角234°，呈"凹"字形排列，整齐有序。还有2座在其稍偏西北位置，中间断开一段距离。另3座"将军墓"位于山南麓的花坟头。

蟹钳形山古墓群

蟹钳形山古墓群局部

蟹钳形山古墓群局部

每座墓穴均有封土，用长条石、望柱砌围护栏，作为挡土墙。有的墓葬的挡土墙上安盖板，墓前均立墓碑。墓碑盖为歇山顶，脊中饰宝瓶，翼角生起。两侧设方形角柱，角柱上端施一斗三升栱，阴刻墓主名、号、排行及立碑时间。墓侧为寻杖式钩栏，多用重台钩栏，也有单钩栏，高低错落。钩栏的大、小华版采用压地隐起或剔地起突手法，雕麒麟、朱雀、鹿

等动物和三幅云、如意云纹等吉祥纹饰，线条流畅，雕刻精美，造型和纹饰极具时代特征。碑前置石案桌，立面雕饰如意头等。

蟹钳形山南麓的3座墓称"将军墓"，为父子合葬墓。墓前月台铺地无存，坟面和挡土墙的做法无考，封土还依稀可辨。

1997年8月被公布为浙江省级文物保护单位。

冯雪峰故居

冯雪峰故居位于义乌市赤岸镇神坛村。建于清宣统元年（1909年），坐东北朝西南。分前后二进五开间，梢间为楼梯弄，左右厢房各二间，中间为天井，为前廊式四合院砖木结构建筑，总占地面积为255平方米。

前进为门厅，明间辟随墙式石库门，设砖细门头，门额上墨书"为善最乐"四字，反映了屋主人的处世家训。门前左右各植雪松一棵，右侧立长方青石碑一块，上面阴刻胡耀邦题写的"回忆雪峰"，门边墙上镶嵌有丁玲题

冯雪峰故居

冯雪峰故居内景

冯雪峰墓

写的"雪峰故居"黑色大理石匾。

进入大门,天井中冯雪峰半身铜像赫然入目,给人以慈祥、坚毅的感觉。

整个建筑为二层楼屋,门厅明间为抬梁式,五架梁前后月梁,其余各间为穿斗式。明、次间敞开,梢间隔断。后檐施牛腿出挑,雕狮子戏球、鹿衔灵芝图。二楼供家居,前檐设槛窗。

后进为厅堂,穿斗式。明间敞开,次梢间隔断。明间用于会客,次间为主人卧室。左右厢房相向,前檐设槛窗,一般供晚辈或女眷居住,装修较简。

现故居一楼内陈列着反映冯雪峰各个历史

朱镕基同志致冯夏熊的信

时期生平事迹的照片及委任状、著作等实物资料。门厅次间还陈列着犁、耙、秒、风车、水车、纺车、织机、石磨等生产、生活用具，反映了农家生活的场景。

冯雪峰的卧室在楼上，兼作书房。1937年12月，冯雪峰曾避居在这间书房内，撰写完他的第一部描写长征题材的小说《卢代之死》，惜遗失未曾发表。现故居二楼陈列着冯雪峰生前的战友、同事及文艺界人士悼念他的挽联、书画等。

冯雪峰（1903~1976年），原名福春，在故居度过了童年和少年时代。他于1927年加入中国共产党，作为鲁迅的亲密学生和战友，沟通了党与鲁迅的联系。1934年参加长征。历任华东军政委员会委员、第一届全国政协委员、第二届全国人大代表、人民文学出版社社长兼总编等职。1957年被错划为右派，1958年被开除党籍，1979年平反，恢复党籍。冯雪峰是我国著名的文艺理论家、作家、诗人和鲁迅研究专家。2003年适逢冯雪峰诞辰百年之际，遵照雪峰生前遗愿，其骨灰从北京八宝山革命公墓迁葬故居后山上，朱镕基总理亲题墓碑。

1997年8月19日被公布为浙江省级文物保护单位。

吴晗故居

吴晗故居

彭真同志题词

位于义乌市上溪镇苦竹塘村，为已故著名历史学家吴晗的家宅，由吴晗父亲吴瑛珏于1924年所建，系前廊式天井院砖木结构建筑，占地面积为463平方米。

故居坐北朝南，面阔五间，通面阔20.72米，通进深11.4米，建筑面积为440平方米。

整个建筑大体上呈"凹"字形，呈轴对称分布，上下两层，由正堂、边房、两厢及花园组成。正堂明间通敞，正门直对山墙和围墙，次、梢间用板壁隔断，梢间山面辟石库门通室外。

二楼檐廊设西洋宝瓶式栏杆围筑，栏杆的望柱头、瘿项及小华版上都雕刻有缠枝花纹。

厢房按轴对称左右各有一间，前后均辟门，分别通走廊和南面的花园。院落中间围成一个天井，天井用长条石铺地，中间为青石甬道，直通花园。

天井外山墙居中开正门。正门门脸的装饰具有中西合璧的特点，用穹隆顶青石抱框，砖砌壁柱，两旁立柱呈锥尖顶。抱框上方为乌兰夫同志题写的"吴晗同志故居"青石匾额，其上堆塑彩绘蝴蝶纹和缠枝花纹。两侧厢房山墙前檐设墀头，复合曲线式封火墙，设龙纹滴水。整个建筑南立面山墙融合了西洋式建筑的装饰风格，具有民国时期建筑的特征。

山墙外为花园，花园中间设青石甬道，四周围墙，围墙用漏砖墙，南面开圆洞形大门。

吴晗（1909～1969年），原名春

吴晗故居内景

晗，字辰伯，义乌上溪苦竹塘村人，是我国著名的历史学家、明史专家、爱国民主斗士。历任清华大学教授、北京市副市长等职。1957年加入中国共产党。1965年因《海瑞罢官》受到姚文元等"四人帮"反动集团的批判，1969年遭残酷迫害致死。1979年其冤案彻底平反昭雪。

吴晗作为历史学家，一生著述颇丰，著有《历史的镜子》、《朱元璋传》、《读史札记》、《投枪集》、《灯下集》、《春天集》、《海瑞罢官》、《明史简述》、《朝鲜李朝实录中的中国史料》、《江浙藏书家史略》等。

现吴晗故居正堂内悬挂有吴晗遗像，两侧是廖沫沙为悼念诤友的题词。一楼次间陈列着

吴晗生前在故居使用过的书柜、床、书桌及壁橱等实物，厢房内陈列着反映吴晗生平事迹的图片，二楼主要陈列吴晗各个历史阶段的生平事迹资料及其主要著作、往来书信和手迹复制件等。故居内院墙上嵌有彭真委员长为《吴晗传》题词的青石碑。

1984年、2002年，吴晗故居经两次修缮。2005年被公布为浙江省级文物保护单位。

2005年冬至，在吴晗故乡上溪镇苦竹塘村苦山建吴晗衣冠冢一座，下沉式墓，墓上方立黑色大理石质墓碑，墓碑由朱镕基亲笔题写。墓后为其父吴闻斋、其弟吴春曦之鹅卵石纪念墓。

历史文化村镇——赤岸

铜门厅局部

赤岸老街

赤岸老街

赤岸位于义乌市南部，距离市区20公里，东西南北分别与东阳、永康、武义、金东相连，全镇总面积为150平方公里，下辖66个行政村，1个居委会，总人口3.88万人，总耕地面积28755亩。

赤岸历史悠久，人文荟萃。1994年赤岸镇剡溪村附近的山坡上出土了几十枚恐龙蛋化石，这是义乌历史上已知的最早的古脊椎动物化石。早在新石器时代，已有先民在赤岸这块土地上生息繁衍，1984年赤岸镇上谷村出土了新石器时代的磨制石斧。秦汉时赤岸已成为先人定居之所，称"蒲墟"。到东晋，曾任临海郡太守的朱汛告老还乡定居蒲墟，其女与王氏联姻，"迎亲服之盛，辉映于水，岸岸至赤，乡人荣羡，遂相传蒲墟为赤岸云。"遂于南北朝时正式改"蒲墟"为"赤岸"。唐武德六年（623年）析稠州为乌孝、华川两县，其中华川县治在今赤岸镇。武德七年（624年），稠州州制撤销，乌孝、华川合并改为义乌县。

赤岸在历史上名人辈出，如南宋理学家徐侨，晚年讲学于赤岸的"东岩庵"，称"东岩书舍"。徐侨和朱熹是莫逆之交，徐侨的书房还是朱熹起名，称"毅斋"。东岩庵由于其主人的影响以及培养出朱元龙、康植、叶由庚等多名进士而声名远扬。还有南宋末年科举考试中的状元王龙泽，可惜"龙在泽，飞不得"。金元时期的四大名医之一朱丹溪（名震亨，字彦修）创立了滋阴学说，成为中医学上养阴派的代表人物，所著《格致余论》等著作在医学史上占有重要的地位。明嘉靖三十八年（1559年），倭寇猖獗，戚继光在义乌招募的三千戚家军多为赤岸一带人。他们骁勇善战，战功卓著，仅明一代因军功被授予将军、总兵等武职的就有228名。现代著名诗人、文艺理论家冯雪峰是赤岸神坛村人。他是架起中国共产党与鲁迅先生之间联系的桥梁，是唯一参加过红军二万五千里长征的作家。

赤岸至今仍保存着部分历史地段，如赤街、川堂巷及连片的古建筑，基本上为清代至民国时期所建的传统建筑。赤岸古街长达200多米，当年这里店铺林立，作坊接踵，是义南最大的集市贸易地。相传当年在古街上门挨着门连接着18个打铁店，而且每个打铁店都有自己的专用水井，现仍保存的有特色的老井如"∞"形双眼井等。

赤岸文物古迹众多，有建于宋嘉定六年的古月桥，它造型别致，结构独特，保存完整，是金华地区最古老的石拱桥；有建于明代的燕贻堂，用材硕大，雕刻简洁明快而粗犷；有建于乾嘉年间的容安堂，它体量巨大，工艺考究，雕刻精美。令人称奇的是，在尘埃重重、漆黑一片的大梁雕刻中，居然有一条鲤鱼，光亮如新，不沾一尘，而且它的颜色会根据特有的规律发生变化。如此的古建筑在赤岸还有很多。

目前赤岸有全国重点文物保护单位1处，省级文物保护单位3处，市级文物保护单位3处。还有冯氏宗祠、雅端民居等35处文物价值较高的保护点。类型包括古建筑、古遗址、古墓葬、摩崖石刻题记、近现代重要史迹和纪念性建筑等。

2000年2月18日被公布为第三批浙江省级历史文化村镇。

赤岸古民居

赤岸冯氏祠堂

千年古镇　百年商埠

——佛堂历史文化村镇

佛堂古镇

　　佛堂镇位于义乌的南部，义乌江东岸，距义乌市区约13公里。从区域位置来看，地处浙江省中部，甬金高速、上佛高级公路、金义东高等级公路穿镇而过，交通便捷。

　　佛堂古镇历史悠久，早在新石器时代就已有先民在此繁衍生息。曾经在这里出土了新石器时代的石镞、石斧、石刀以及战国时期的青铜剑，也发现了东汉时期的古窑址，充分反映出佛堂历史文明的源远流长。

　　佛堂因佛缘而名，因商而盛。"佛堂"一说始于南北朝萧梁时期，相传天竺僧人达摩到中国传教，云游至今佛堂镇时适逢义乌江洪水泛滥，他遂投磬于江中化为船只，解救百姓。百姓为纪念达摩救世之恩，就建了一座寺庙

"渡磬寺"，后香火日盛，商贩云集，慢慢形成集市。因寺楹有"佛光透彩传万代，堂烛生辉照八方"和"佛堂市兴永千秋"等句，后人遂名此地为佛堂。现今佛堂镇5公里的范围内有寺庙八座，即双林寺、云黄寺、渡磬寺、黑云寺等，其中最具影响、规模最大的当为千年古刹"双林禅寺"，它因梁武帝时的傅翕即"傅大士"而名扬天下。

　　佛堂古镇依江而立，是典型的水道集市。佛堂经宋时的沙洲、明时的商埠，至清乾隆中期已是繁华的商业重镇。《（嘉庆）义乌县志》卷二记载了乾隆二十八年（1763年）当时知县杨春畅的记述："距县治之西三十里有佛堂镇，其地四方辐辏，服贾牵车，交通邻邑。"

到民国时期，佛堂镇的社会、经济发展到全盛时期。1922年，因镇北老市无法容纳赶集客人，于是在镇南另辟新市，成为义乌当时最大的集市，繁华程度甚至超过了义乌县城。

老街是当时佛堂的商业中心，总长2000余米，主街从南到北分为上街、中街、下街，与义乌江水流向逆向称呼，内含"招财进宝，肥水不外流"之意，四条副街往江走，新老市在两头。无论是主街、副街、横街或店面均为两层砖木结构，绝大多数为明清、民国初期的建筑。漫步佛堂老街，但见店面一间挨着一间，清一色的木雕牛腿，工艺精湛，栩栩如生。"美人靠"栏杆绰约多姿，独具一格。"木排门"门面与老街的建筑浑然一体。街面清一色的石板相连，石板两边用鹅卵石铺就，宛若卧龙悠游伸延。山南百货，茶楼酒肆，药铺钱庄，应有尽有。"元泰盛"、"寿春堂"、"瑞祥泰"等招牌字号，举不胜举，可以说整体上保存了古代市井的风貌。罗哲文、郑孝燮等古建专家多次来到佛堂古镇，给予了很高的评价——中国建筑的特点是三位一体·建筑、绘画、雕刻，在这里得到了充分体现。郑老还赠诗一首："远山近水一摇篮，古镇不变几百年，街弄民居无字史，开发保护保为先。"

有着悠久历史的佛堂镇，凭借几百年繁华的商贸业，为佛堂积累了丰厚的财富，积淀了很深的文化底蕴。其民居大多建于清、民国时期，少数为明

代建筑，白墙青瓦，典雅清秀，与老街一脉相承。百余幢古建筑以其精湛的木雕、砖雕、石雕和精美的壁画，淋漓尽致地体现了中国建筑"建筑、绘画、雕刻"三位一体的特点，在大批民居中，"吴棋记"、"留轩小学"、"毛家大院"等更是金相玉质，登堂入室，满目钟灵毓秀。无论是木雕、砖雕、壁画，其题材多来自历史、传说、神话、戏曲典故等，并赋予了深刻的文化内涵。专家指出，佛堂大批的民居与老街、祠堂、寺庙相呼应，元素齐全，洋洋大

佛堂古镇

义乌江泊船

佛堂古镇

佛堂古镇

观，江南一绝，价值很高，可以说是中国建筑史上的瑰宝。

佛堂古镇的范围内现有义乌市级文物保护单位6处。2006年6月3日被公布为浙江省级历史文化村镇。

春秋战国水井遗址

原在朝阳门南侧金山岭顶的小山坡下，现位于市民广场东北侧。水井距离地表约4米，于2000年5月2日在旧城改造取土过程中被发现，在水井中曾出土春秋战国时期细方格纹红陶罐一件。

水井残深4.1米，木质井架残存8层，高1.42米，方形，每层用4根条木搭成"井"字形，条木上有榫扣，互相咬合，条木长1.03米，宽0.05米，高0.18米；底层岩石部分高2.68米，为圆形，直径0.97米。

该水井遗址为义乌境内迄今发现的时代最早的水井，木质井架保存完整，具有较高的历史和科学研究价值。

2005年1月被公布为义乌市级文物保护单位。

春秋战国水井遗址

碗窑山窑址

位于义乌廿三里街道葛塘村以东约200米的碗窑山上，属婺州窑系，时代为宋元时期。窑床为依山势而建的龙窑，属砖砌拱顶窑。现存窑床长40余米，堆积层厚约3米，地表采集的器类以碗为主，另有盘、碟、罐、瓶等。胎色为灰白或深灰色。施半釉，釉以

碗窑山窑址

青色为主，月白色和褐色次之。碗、盘的外壁多划篦纹，内饰荷花。窑具有喇叭形支座、垫饼、匣钵等。

1981年5月18日被公布为义乌县级文物保护单位。

碗窑背窑址群

位于义乌苏溪镇范家村名为碗窑背的山上，时代为宋元时期。窑址有三处，窑床均坐东朝西，依山势而建。一号窑床现存长约３５米，二号窑床现存长约４０米，三号窑床现存长约６０米，三座窑均为砖砌拱顶窑。地表采集的器类以碗为主，另有盆、盘等。胎呈灰白或深灰色。釉以青釉为

碗窑背窑址堆积

碗窑背窑址

主，少数为豆黄色釉。装饰技法以刻、划为主。纹饰有弦纹、云纹、菱形纹、水波纹、篦纹、回纹及动物、花卉等。底款有"金"、"宝"、"绿"、"万"、"吉利"、"芳"等字。

窑具有喇叭形支座、垫饼、垫珠、匣钵等，保存较好。

1987年11月被公布为义乌县级文物保护单位。

骆宾王墓

位于廿三里街道丁店村上枫塘边，为纪念墓。原墓规模宏大，前有石牌坊，墓丘毁于1966年，现墓为1989年12月重修。墓坐北朝南，通面阔5.5米，墓呈扁圆锥形，用鹅卵石素封，墓围用水泥板浆砌。墓前立有六柱五间三楼牌坊式墓碑，明、次间用歇山顶，明间起主楼，次间副楼。主楼碑额题"圣旨"牌，碑名题"唐侍御史谥文忠公赠淑人范氏合墓"，落清道光二十二年（1842年）款。墓两侧立石

骆宾王墓

骆宾王墓

狮一对。

骆宾王（619～？年），字观光，唐初著名诗人。资质聪颖，7岁时因对客咏《鹅》诗而才名远播。少年时艰苦勤奋，博览群书，且为人刚直，讲求气节。武则天临朝，和徐敬业等人密议起兵反武，他起草的《为徐敬业讨武曌檄》，气势磅礴，轰动朝野。徐敬业兵败后，宾王不知所终。清代乡贤陈熙晋辑有《骆临海集笺注》10卷，笺释精审，为传世善本。

虞复墓

位于义乌市大陈镇施宅村旁。1989年重修，墓的面积约为95平方米。墓呈圆锥形，圆柱形墓围，锥形水泥封土。墓围用砖石错砌，水泥光面。正中碑文为"宋吏部尚书虞复暨吴氏宜人合墓"，左碑刻有"远斋公墓记"，右碑刻有"远斋公事略"，并设有水泥祭台二级。

虞复（1188～1259年），字从道，号远斋，一号东岩，廿三里街道华溪村人。早年师事倪千里（字起万，东阳人），传永嘉春秋之学。南宋嘉定癸未（1223年）由太学生登进士第，授迪功郎，主南康军都昌县尉。宝庆元年（1225年），授修职郎，秩满辟监临安府杨村酒库。绍定六年（1233年）擢主管户部架阁方字。端平二年（1235年），差浙东常平司干官。端平三年（1236年）改秩通直

虞复墓

郎。八月，差浙西安抚司干官，未赴，还为掌故。嘉熙元年（1237年），除籍田令。迁武学渝，再迁宗正寺正簿，兼壮文府教授，历太常博士，知大宗正丞。淳祐三年（1243年）主管台州崇道观，宝祐二年（1254年）任尚书郎官，后改知瑞州，得谢卒，积阶至朝议大夫，年七十二。

虞复"学问精深，词章炳蔚"，一生著述颇丰。计《成己集》（60卷），《告蒙集》（共13篇，合一卷），《告忠集》、《远斋集》、《孔峰集》合80余卷等。

1990年11月7日被公布为义乌市级文物保护单位。

宗泽世祖墓

位于苏溪镇新厅村旁五龙塘南的小山坡上，坐东朝西，西北距五龙塘村约100米，北面紧靠凤凰形小山背。此墓为宗泽高祖父母合墓，经多次重修，现墓为1981年重修，墓丘高1.85米、长6.8米、宽6.5米，条石水泥砌筑。墓前立有清咸丰元年重修墓碑。

宗泽（1060～1128年），字汝霖，义乌人，宋元祐六年进士，抗金名将。为乞请宋高宗回銮，曾在不到一年的时间里，接连上了24封《乞回銮书》，临死之际尚念念不忘北伐，三呼"渡河"。对民族英雄岳飞有知遇之恩。

宗泽世祖墓

周勇墓

位于江东街道办事处樊村鸡鸣山。墓面已毁，墓址尚可辨识。

周勇（1205～1274年），南宋宝庆丙戌（1226年）进士，曾任江西抚州刺史。族谱载"抚州，江西之大郡也，地广民稠，政务繁多，守土者非兼优才德，易罹吏议，公下车，诚以律身廉……人几忘其为达官贵人焉。"年七十而卒，死后葬于江东鸡鸣山。

1997年8月11日被公布为义乌市级文物保护单位。

周勇墓

吴百朋墓

吴百朋墓

　　位于江东街道山口村的青龙山，墓已沉陷，墓址尚能辨识，近年进行了修整，并新立一块墓碑，上书"吴百朋王氏合墓"。

　　吴百朋（1519～1578年），字惟锡，号尧山，江东街道大元村人。明嘉靖二十六年（1547年）中进士，授永丰知县。二十九年（1550年）经山西道监察御史，巡抚江北。曾出奇兵大败倭寇，淮扬商民感而立"吴公祠"。四十二年（1563年）改右佥都御史，抚治郧阳。隆庆元年（1567年）迁大理卿，改刑部左侍郎。万历五年（1577年），升任刑部尚书，次年卒于官。赐御葬，钦差工部主事王再聘造坟，遣分守金衢右参政张希召谕祭葬，礼部尚书兼学士汪镗状，太子太保、礼部尚书、文渊阁大学士马自强志铭。后谥"襄毅"。百朋居官清正，生活俭朴。

　　1995年3月24日被公布为义乌市级文物保护单位。

倪仁吉墓

位于江东街道办事处白莲塘村原隆平寺旧址旁，墓室已下沉，但尚可辨识。2001年，大元村吴氏后裔进行了修复，墓面三开间左右抱鼓，共3.4米。明间碑文正中为大字楷书"才媛倪仁吉墓"，两侧小字分别为"夫庠生吴之艺合穴"、"公元二〇〇〇年重修"。左右次间各题"隆平"、"香凝"。墓左侧立有"事略碑"。

倪仁吉（1607～1685年），浦江人。字心蕙，自号凝香子。17岁嫁本县大元村吴百朋曾孙之艺。20岁，丈夫病死，仁吉未育，过继之艺三兄各一子，亲抚深教，后均有所成。仁吉能诗，工书画，精刺绣。义乌市博物馆收藏有其工笔画《吴氏先祖肖像画》、《梅雀图》（传），绣品《春富贵》（传）等，另有《种树图》收藏在中国国家博物馆。其诗文收在《凝香阁诗稿》中。67岁时因"青年失偶，白首完贞"而建坊旌表。

1999年3月17日被公布为义乌市级文物保护单位。

倪仁吉墓

察院厅

察院厅梁架

位于义乌稠江街道大水畈村，始建于明万历七年（1579年），万历九年（1581年）告竣，由龚一清所建。龚一清（1538～1594年），字仲和，号日池，明代义乌县松门里（今稠江大水畈村）人。明万历二年（1574年）赐进士出身，官至广西提刑按察使司副使兼布政使司右参议。原为三进三开间左右四座重厢，外加茶房、书院和九曲回廊组成。现仅存前后两进和左右四座厢房，为砖木结构厅堂建筑。

建筑坐北朝南，方位角NS184°。通面阔19米，进深29米，占地面积为551平方米。

门厅面阔三间，进深八架。硬山顶，清水脊，仰覆瓦，铺望砖，用半圆形荷包椽。当心间前檐辟随墙式石库门，正门门额上书"察院厅"匾。后檐辟六边形门洞，门额题"御史第"匾。三合土铺地。

门厅为敞井厅，彻上露明造，施明栿，当心间、次间均用通柱。当心间为抬梁结构，四架椽屋前后乳栿。梁栿断面为冬瓜梁形制，前后乳栿用月梁，搭牵雕成猫背梁。梁头伸出柱外。梁栿下安蝉肚形雀替，雀替素平。当心间每槫用四柱，柱子粗大，置六边形柱櫍，垫方础。次间边缝为穿抬混合结构，用五柱。

梁架结点多用铺作承接。攀间铺作施重栱替木，外交麻叶头。前、后檐阑额上安普柏枋，补间铺作施2朵重栱，上安素枋承托檐槫，铺作间安雁翅板。外转五铺作，重栱出重抄交耍头托撩檐枋。

出后门至后院天井，台基渐次提高。天井

察院厅内景

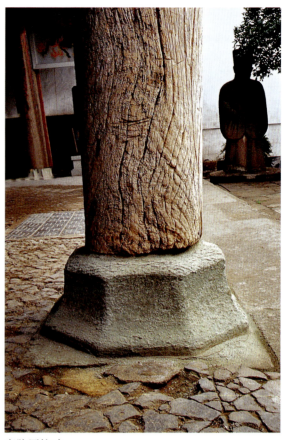

察院厅柱础

两侧安石象生，有石马、石猴等，造型古朴、生动。天井两侧置石台阶至月台，两侧安放石文官俑。

大厅进深八架，敞开厅。当心间四架椽屋前船篷轩后乳栿，梁架用料粗大，结构简洁明

快，风格古朴。当心间和次间用通柱，攀间铺作、柱头铺作均用单斗只替，外交麻叶头，承托槫子。次间边缝为穿抬混合结构。

1987年5月被公布为义乌县级文物保护单位。

萃和堂

位于义乌市后宅街道陈宅村，原名花厅，建于明朝中叶。相传由陈氏璠八十九公（1464～1526年）所建。

建筑坐东朝西，方位角NS76°。前后三进三开间，通面阔13.8米，通进深35.3米，占地

面积为487平方米。沿中轴线依次分布门厅、大厅和堂楼。

门厅硬山顶，清水脊，用半圆形荷包椽。明间设随墙式石库门，五花山墙，前檐设墀头，三合土铺地。当心间四架椽后搭牵，次间

萃和堂

为穿抬混合结构。用料和
装修较简陋。

大厅为整个建筑的核
心。面阔三间，进深八
架。柱子都用樟木，置栌
鼓，垫覆盆。北次间山面
辟石库门。方砖墁地。

敞开厅，彻上露明
造，施明栿。四架椽屋前
后乳栿前后檐副阶。当心
间为抬梁结构，用通柱。
次间边缝为穿抬混合结
构，上下两层穿枋间用座
墩式蜀柱承接。梁栿与柱
头交接处施栱形角替，栱
头雕刻卷草纹。

萃和堂梁架

萃和堂梁架

后檐明间辟石库门通后院，天井用长条石平铺。

后进堂楼为家居建筑，屋主人在堂楼与大厅之间砌了一道照壁。照壁用灰砖青瓦，装饰简约，显得优雅别致，落落大方。其功能是使堂楼既能与整个建筑融为一体，又能满足封闭式独门独院幽居的需要，显得开合有致。

该建筑的装饰特色是大厅的所有梁、枋、搭牵、铺作均饰有解绿装烟琢墨旋子彩画。装饰的花纹有鱼鳞纹、豹脚纹、松木纹、云纹、蕙草纹、如意纹等，枋心空出无花纹。

1987年5月被公布为义乌县级文物保护单位。

官厅

位于义乌西部的义亭镇陇头朱村，相传由朱懋芳（1560～1617年）兴建。据《梅陇朱氏宗谱》记载，朱懋芳，字本厚，别号肖梅，世居义乌梅陇（即陇头朱村）。明万历二十六年（1598年）登进士第，官至礼部员外郎。从建筑风格看，官厅应建于明代中后期的万历

年前后。官厅的整体结构严谨，平面布局规整，装修简洁明快，至今保留了许多明代官式做法的"法式"特征，对于研究明代浙江金衢地区的民居建筑具有重要的价值。

官厅坐北朝南，整个建筑前后共两进，前、后天井的条石路两侧各有一方形水池。两

侧为厢房，厢房与厅堂间为夹弄，整个官厅长31.09米、宽25.46米，占地面积为791.55平方米。

南面照墙，设随墙式石库门。厅堂中轴线上辟正门，东西厢夹弄两头辟边门。

大厅为硬山顶，清水脊，半圆形荷包橼，檐口用勾头滴水，青色方砖墁地。

官厅用材硕大，当心间四根金柱和前后檐柱都用樟木，瓜棱状柱梢，下置覆盆。次间边缝五柱，覆斗形柱础。官厅建筑的时代特征明显，柱头抹成斜面，用梭柱、柱侧脚、生起。

官厅为敞开厅，彻上露明造，施明栿。前后各为四步架，四架橼屋前后乳栿前后檐副阶。当心间为抬梁结构。次间为穿抬混合结构，梁架间用蜀柱承接。梁、栿用料粗大，均用平直圆木，梁头伸出柱外，梁头垂直坎平，不做任何曲线。次间为九架列式柱架，中柱落地，用五柱。前、后檐阑额上补间铺作施2朵"工"字栱，后檐阑额下置四扇屏门，用棋盘格实榻门。

堂楼和厢房为二层，穿斗式。前檐装修用格扇门、窗，格心为满天星或一码三箭图案。二层设寻杖栏杆，栏杆沿用了明代官式木栏杆的做法，与北京智化寺万佛阁木栏杆相仿，时代特征明显。

1987年5月被公布为义乌县级文物保护单位。

官厅外景

官厅内景

官厅内景

存古堂

存古堂

　　位于义乌市义亭镇雅文楼村，建于明崇祯九年（1636年），由金仲文所建。

　　现存建筑三开间前门楼后大厅，坐东北朝西南，方位角NS155°。正面封火檐墙上辟高高的牌坊门，两侧辟边门，设砖细门头。从外观看，整个建筑雄伟壮观，非常气派。

　　牌坊门为三间挂落柱式仿木构砖牌楼，类似庑殿顶屋宇。龙凤版上题"亢宗诒燕"匾额，左款为"稠原俊为仲文侄孙题"〔稠原俊，即金世俊（1573～1658年），字孟章，号稠原，义乌县北门凌塘（今义乌稠城）人，官拜工部侍郎，崇祯帝御屏上书，称其为天下三清官之首〕，右款为"崇祯丙子仲春"，为该建筑提供了准确的纪年。大门石抱框，石梁上用剔地起凸手法雕双狮戏球图案，雕工圆润，技法精湛，形象栩栩如生。边门石梁上分别雕福禄双全、富贵吉祥和鲤鱼跳龙门图案，门楣雕卷草如意纹。

　　进大门，穿过一条石墁地的天井，即进入大厅。

　　大厅面阔三间，进深八架，硬山顶，清水脊，仰覆瓦，铺望砖，用半圆形荷包椽。前檐通敞，后檐设屏门，三合土铺地。

　　大厅彻上露明造，施明栿。当心间、次间均用通柱，当心间四柱，次间五柱，均为圆木柱。当心间用瓜棱柱榫，下置覆盆，次间用栌鼓。当心间抬梁式，四架椽屋前后乳栿前檐副阶，梁、栿、搭牵雕花草，雕工精细。梁栿下安角替，栱弯头上安一小半，上托梁栿。梁架结点用铺作承接。当心间檐槫用剔地起凸技法雕麒麟回首图案，次间用压地隐起手法雕中国

存古堂

结绳纹、蝙蝠纹，有如意结、方胜结和"富贵吉祥"字结等，寓意子孙万代、福寿绵长。

存古堂为明末建筑，局部保留了明代建筑的时代特征，但铺作和替木的做法以及装饰风格已出现了一些变化，较明代早期趋于繁复精细。另外，雄伟的砖牌坊门，精美绝伦的木雕工艺，都具有较高的历史、艺术价值。

1987年5月被公布为义乌县级文物保护单位。

黄大宗祠

坐落于稠城街道县前街朝阳门旁驿堪巷，主体建筑建于明末清初，门厅于清末重修。建筑原名黄二贤祠，乃黄氏后裔为纪念族中黄中辅、黄潜两位先辈而建。

建筑坐西北偏东南，平面为三进五开间，前后进之间左右连廊庑各三间，中间设天井。中进后明间设穿堂通后厅。通面阔19.5米，通进深38米，占地面积为741平方米。

建筑台基自东向西渐次抬升，蕴含步步高升之美意。建筑用硬山顶，阴阳合瓦，檐口设勾头滴水，山面用五花马头墙。

大门设在中轴线的最前面，原为"八"字形台门，现已改成"一"字形院墙门。门厅两层，为穿斗结构，装修较简。

正厅为建筑之核心，明、次间敞开，用通

黄大宗祠梁架

柱，明、次间四柱，梢间五柱。柱下安石鼓、磉礅，三合土铺地。

建筑大木构架用料粗大。明、次间用五架

黄大宗祠内景

抬梁前后双步梁，单步梁用小月梁式，梁下安雀替、雕花鸟等。梢间边缝用穿抬混合结构，挑尖梁雕夔龙纹。梁架间用短柱承接，结点用一斗三升栱替木承托檩条，局部施云头，脊檩下两端用扶脊木，檐檩雕麒麟、猴、马、鹿、凤凰等珍禽瑞兽图案和牡丹花卉图案，后檐平身科施2攒"工"字栱，用屏门隔断。前檐设飞椽，出檐较深。挑檐不施牛腿，而是采用当地民间做法，在檐柱头部安大斗，直接出一斗三升单上昂交替木托檐檩，昂头雕成象鼻卷形状。

出正厅后檐明间设穿堂通后厅，穿堂用四柱、五架抬梁，四周大额枋，地面用条石铺砌，两侧天井铺鹅卵石。

后厅明间设两级台阶，明、次间敞开，梢间板壁隔断。明、次间五架抬梁前单步后两单步，单步梁下安穿枋，梢间为穿斗式。出檐用素面木条斜撑，挑檐檩下安垂莲柱，与檐檩间

黄大宗祠檐檩

用单步梁连接。

该建筑布局规整，结构简约，较多地保留了明、清早期江南建筑的地方做法，为研究浙中地区明、清早期建筑的时代特征提供了实物资料。

1987年5月被公布为义乌县级文物保护单位。

仰止堂

位于江东街道大元村，建于明末清初，是一代才媛倪仁吉居住生活的场所。

该建筑坐北朝南，正房五间，西侧有厢房两间，二层，硬山重檐，面阔21.6米，进深7.5米。前有天井和花园，天井以青石板错缝铺砌，园名"香草园"，两者之间用砖墙相隔，墙上辟圆洞形门。

1999年3月17日被公布为义乌市级文物保护单位。

仰止堂外景

仰止堂内景

陈大宗祠

陈大宗祠

位于义乌市上溪镇云门村，据《云门陈氏宗谱》记载，该建筑建于清康熙年间。

建筑坐东北朝西南，方位角NS125°。通面阔19.3米，通进深37.7米，总占地面积为728平方米。前后三进五开间左右穿廊，为四合院式砖木结构。

大门设在中轴线上最前面，为"一"字形院墙单间门楼。进入院内，为一宽约3米的天井。沿中轴线依次排列有门厅、中厅、堂楼，每个院落均有一天井，天井中间为条石甬道，两侧铺鹅卵石。前院左右两侧连穿廊，后院左右两侧各与一间廊庑相连。

整个建筑均为硬山顶，清水脊。用半圆形荷包椽，漆成黑色。前檐设墀头，五花山墙，三合土墁地。

门厅明间为抬梁结构，中柱落地，前后双步

陈大宗祠内景

陈大宗祠内景

月梁。脊檩下平身科施两攒翼形栱，大额枋上悬"陈氏宗祠"匾额，下安四扇屏门，前、后檐开敞。次、梢间为二层楼屋，用穿斗式。

大厅为敞开厅，明、次间五架抬梁前后双步，梢间边贴用八架列式柱架。梁架结点多用一斗六升栱替木承接。用圆木柱，顶为石鼓，下置磉礅，后檐设屏门。

后厅明间敞开，次、梢间隔断。明间五架抬梁，前双步梁，梁下安穿枋；后双步用穿枋。平直圆梁，用短柱，梁头伸出柱外。

该建筑作为陈氏宗祠，较好地保留了清早期建筑的时代特征，局部构造采用了明代建筑的手法。大厅用料较大，雕梁画栋。门厅及大厅的梁、檩、枋、斗栱、柱头、雀替、牛腿等均布满了雕刻、彩画，彩画沿袭宋《营造法式》中杂间装彩画，色彩绚丽。内容多为表现大富大贵和福禄寿喜等寓意的莲花、牡丹、凤凰、孔雀、喜鹊等花鸟、动物图案，为研究清早期的彩画提供了实例，具有较高的艺术价值。

1987年5月被公布为义乌县级文物保护单位。

灵威庙

位于义乌市北部的大陈镇大陈村，建筑始建于明，系当时陈氏子孙后裔为崇奉陈道兴（义乌县志载，明洪武初应诏修郡城，不日告竣，漕运又有奇功，封为吴二总管）所建，后毁，清康熙年间重建。分为灵威庙、祭猪亭、万年台（戏台）、回廊和半月形泮池五部分，总占地面积约436平方米。

灵威庙坐东北偏西南，方位角NS160°。面阔三间11.7米，为方形建筑。庑殿顶，如意头花脊，正吻鳌鱼，翼角生起。屋面盖仰覆瓦，铺望砖，檐口用花沿滴水。砖砌山墙，前檐设墀头。

台基分两层抬升，檐廊高出副阶20厘米，用15厘米×30厘米的青砖斜缝错砌。室内地坪比檐廊部位抬升30厘米，用26厘米×26厘米的青砖对缝斜铺。

明间四柱，次间五柱，用圆木柱，置瓜棱形栌，垫覆盆。明间四架梁前廊轩后天花，用三步轩橼，中间设八角藻井。次间用船篷轩，后檐设天花，船篷轩下用扁作月梁。结点施斗栱，天花用重栱出单跳交要头，平身科2朵，角科1朵。藻井座斗上施三重栱，外出三跳交要头，平身科3朵，角科1朵。明间前檐设六扇屏门，后金柱间设6扇隔扇门，用镂空雕。上面横披彩绘龙纹、祥云纹。

雕刻、彩绘为建筑之特色。月梁上雕绘五爪金龙，雀替雕花鸟。梁头、雀替、牛腿、斗栱、天花、藻井等部位遍饰彩绘，有《封神榜》人物故事、花鸟、龙凤等，用杂间装彩绘，局部鎏金。

灵威庙

灵威庙前设祭猪亭，通面阔12.6米，进深4.25米。庑殿顶，皮条脊，阴阳合瓦，檐口用花沿滴水。

敞开式，均用圆石柱，置古镜式柱础。抬梁结构。

戏台北向，与祭猪亭一路之隔，为方形四柱亭式建筑。面阔5.6米，台面高1.52米，用木地板。台面下用青石柱，上面用圆木柱。屋顶设八角藻井，四周开花，饰彩绘。

建筑用歇山顶，滚瓦花脊，龙形正吻，翼角起翘，檐口用花沿滴水。

戏台东南侧为回廊。回廊依池而建，通长13.1米，通宽5.65米，分三折，东端与一方亭相连，西端连一廊庑。梁架用扁作方梁，顶设廊轩，用三步轩椽。额枋下饰挂落，廊柱间设美人靠坐凳栏杆。亭子为四柱方亭，用攒尖顶，屋面用筒板瓦，檐口设花沿滴水，屋顶设八角藻井，饰彩绘。

1987年5月被公布为义乌县级文物保护单位。

灵威庙

灵威庙对面戏台

延陵祠

延陵祠

位于稠江街道殿口商村，为三进七开间左右厢房各五间连一穿廊建筑，通面阔29米，通进深46.8米，占地面积为1409平方米。据吴氏家谱记载，延陵祠始建于南宋淳祐甲辰（1244）年，由咸宁郡马公吴璞命其三子球负责兴建，后几经兴废，至明代嘉靖壬午（1522年）吴庸及同族了孙捐资重修三间九架结构，至明嘉靖甲申（1524年）修成。清乾隆初年由龙回村裔孙出资新增中台大厅七间及厢房十间，现存建筑即为该时代所建。

建筑坐北朝南，门厅台基高60厘米，设四级台阶，明、次间设二层三楼歇山顶门楼，檐部用勾头滴水，次间前砌小"八"字形边墙，明间额枋上悬"延陵宗祠"匾额，明、次间各置4扇屏门。前廊设双步廊轩，前檐和后半部设天花，明间后檐连一穿廊，为四柱方形坡屋顶建筑。梢、尽间隔断，为二层楼屋。

延陵祠内景

延陵祠内景

大厅为硬山顶，屋面用小青瓦，檐部设勾头滴水。中间五间为敞开厅，彻上露明造，用四柱，均为方石柱，小抹角，柱下安覆斗形柱栀，垫覆盆形磉礅，方柱顶石。明间后金柱间置4扇屏门。

明、次间抬梁五架前后双步梁，用冬瓜月梁，单步梁雕成猫背梁状，梁下雀替雕花草。梢间为穿混结构，尽间二层，用砖墙隔断。梁架结点多用斗栱承接，栌斗下安荷叶墩，檩下置一斗六升栱替木。三合土铺地，斜划方格纹。

堂楼中间五间彻上明造，内部通敞，不设隔断，前金柱间各置4扇格扇门，后部设祭堂，供奉祖先牌位。用四柱，檐柱用方石柱，前、后金柱分别用圆形石柱和木柱，置石鼓磉盘。明、次间用抬梁五架前单步后双步，梢间为穿混结构，尽间隔断二层。

左右厢房二层，穿斗式，前、后院天井均为条石铺地。

延陵祠东北侧建有造宣祠，二进三开间左右廊各两间，坐北朝南，用方石柱，抬梁五架结构，系明代建筑。

曲江延陵祠曾历经13次修缮，最近一次于2004年动工维修，2005年修成。该建筑在抗日战争期间，曾作为上海市君毅完全中学临时校舍使用。解放前夕，义乌中学亦曾迁此教学。土改时期，该祠作为殿口商小学校舍，一直沿用至1994年。

2005年1月被公布为义乌市级文物保护单位。

容安堂

容安堂是住宅与家祠合一的清中期民居建筑，由陈启文建于清乾隆二十四年（1759年），先建成正厅、堂楼，后由其子陈雅川续建前厅，于清嘉庆庚申（1800年）建成。

建筑坐西朝东，硬山顶，五花山墙，前檐设墀头。平面布局为三进三开间两厢两廊两天井，占地面积为1079平方米，分门房、正厅、堂楼和南、北厢房，为前廊式四合院结构。

门厅二层，用抬穿混合结构。正门居中，设随墙式石库门，大门两侧安放一对旗杆石。门头饰砖雕，牌匾阳刻行书"槐荫庭茂"，南、北侧门上书"斯如道"、"礼在是"匾额。

大厅为敞开厅，彻上露明造，后檐用屏门，屏门前置供桌一张，雕刻精美。金柱、檐柱为圆木柱，置石鼓、磉礅，三合土铺地。明间五架抬梁前后双步梁，用冬瓜月梁，单步梁为猫背梁形制，次间边贴为穿斗式。梁架结点多用斗栱承接。

堂楼为家居建筑，穿斗式。明间前檐开敞，前檐廊设井口天花，井口雕麒麟送子、龙凤呈祥、喜鹊、金钱豹等。后檐大额枋上悬挂"诚朴可风"匾额，年款为"乾隆廿四年正月"，据陈氏后人介绍是该建筑落成时亲友送的匾，它为该建筑提供了准确的纪年。

南、北两厢为普通民居，外檐装修用隔扇门、窗，雕刻精美，具有江南民居的典型特点。

容安堂布局规整，规模宏大，用材粗硕。建筑以大厅为核心，采用廊院式布局，有开有

容安堂

容安堂梁架

容安堂牛腿

容安堂"诚朴可风"匾

合，充分考虑了家居与宗族聚会的需要，功能完备。该建筑建于清乾隆、嘉庆时期，正是东阳木雕发展的鼎盛时期，充分体现了东阳木雕精细繁缛的特色。其梁、檐檩、大额枋、斗栱、牛腿、雀替、堂楼前檐天花以及所有的隔扇门窗都布满了雕刻。内容以龙凤、八仙和福、禄、寿、喜以及反映江南民间生活的题材为主，有花草虫鱼、珍禽异兽、渔樵耕读、戏曲人物故事等，富有浓郁的地方生活气息。雕刻线条流畅，工艺精湛，具有该时期浙中民居的典型特点。

2004年1月被公布为义乌市级文物保护单位。

七幢

七幢后进船篷轩

位于江东街道大元村，始建于明弘治年间，清乾隆年间重建。该建筑坐北朝南，原有五进，成一纵轴线，现存第三、四进，及左右厢房共16间。

第三进五开间，硬山顶，滚瓦花脊，阴阳合瓦，设勾头滴水。明、次间五架抬梁前后双步梁，梢间为穿斗式。用圆木柱，置石鼓、磉礅，三合土铺地。

第四进五开间，硬山顶，滚瓦花脊，阴阳合瓦。花檐，如意形滴水，五花马头墙。次间为五架抬梁，前卷棚后双步梁。梢间为穿斗式。次、梢间用编竹夹泥墙相隔。明间后金柱间设屏门。

厢房两层，面阔三间，为敞开厅，明间底层五架抬梁前后双步，次间为穿混结构。

第三、四进之间有一天井。第四进和两厢台基高出副阶。

牛腿、雀替、斗栱、额枋等木构件以花卉、动物图案为主，尤以花卉图案为多，少数有福、寿等字，雕工简洁。

1987年5月11日被公布为义乌县级文物保护单位。

七幢天井、马头墙

七幢西厢房

七幢后进正面

倍磊旌烈石牌坊

倍磊旌烈石牌坊

位于义乌市佛堂镇倍磊南街，建于清乾隆四十九年（1784年），为四柱三间五楼仿木构石牌坊，用红砂砾岩建造。

牌坊坐东南朝西北，方位角NW55°。通面阔6.5米，高7.4米。歇山顶，正脊吻鳌鱼，戗脊翼角起翘。明间起正楼，次间和山面起次楼。主楼以横枋分为三段，次楼各出两层挑檐。四柱间用额枋连接。小额枋端部雕腮线纹，雀替雕龙凤纹。明间小额枋上置两攒"工"字栱，雕回纹锦，上托大额枋。枋上题刻"为故民陈舜恭之妻朱氏建"，中匾书"旌烈"，两侧为立坊人、立坊缘由以及纪年等文字。次间左、右匾分别刻"金石"、"盟心"。柱头安龙门枋，置一斗六升栱，替木托正楼屋

倍磊旌烈石牌坊局部

檐。柱间用抱鼓石，雕卷草如意纹，安须弥
座。该牌坊保存较完整，并有准确的纪年。

1987年5月被公布为义乌县级文物保护单位。

留耕堂

位于义乌市佛堂镇长新里25号，清道光
十年（1830年）由丁新冠所建。

该建筑坐西北朝东南，通面阔27.3米，通
进深31.8米，占地面积为870平方米。硬山重
檐，为前后三进两廊两厢二层天井院式砖木结
构，其中两厢为后人添建，供居住。

门厅面阔三间，明间敞开辟正门，设垂花
式门楼，砖雕精美，门额上阴刻行书"奎璧腾
辉"四字，门枕石上雕"暗八仙"图案。两厢
廊辟侧门，设门额、门头。次间后檐设格扇
窗，后檐廊出挑。门厅与大厅之间为天井，条

留耕堂

石对缝平铺。

　　大厅面阔三间，进深五柱，明间底层为抬梁结构，次间边贴用穿斗结构。梁下雀替雕花草、人物、动物图案，前檐用牛腿，雕有戏曲人物故事图案和双狮戏球图案。二层为穿斗结构，用板壁隔断。大厅后檐照壁饰墨线画。

　　堂楼用穿抬混合结构，各间隔断，为二层楼屋。

　　该建筑门面庄重典雅，室内木雕精致，特别是外檐装修门窗，图案丰富，有冰裂纹、步步锦、"卍"纹锦、三交六椀等精美图案。厅堂选材精良，主柱均用直径40厘米的梓木，落落大方。

　　2004年1月被公布为义乌市级文物保护单位。

留耕堂牛腿

留耕堂内景

节孝石牌坊

位于义乌市佛堂镇头甲村节孝祠1号，建于清嘉庆四年（1799年），为二柱单间两层三楼式钦赐贞节石牌坊。

该建筑坐北朝南，歇山顶。通高6.3米，宽4.5米，须弥座台基，抱鼓石雕卷草如意纹。坊柱用方石柱，大抹角。柱间安小额枋，用扁作月梁形制，枋下雀替雕仙鹤、仙鹿，反面雕折枝菊花、牡丹。小额枋上施两攒"工"字栱，雕回纹，上面大额枋正反面题刻"为故儒童王正贞妻朱氏立"，字牌题"节孝"，两侧阴刻立坊人、立坊缘由及纪年文字。落款为"大清嘉庆四年岁次己未黄钟月上浣之吉谨立"。上面花枋稍向外突出，用高浮雕工艺，

正面雕五爪金龙拱日图；背面雕水波纹、荷叶莲花、鹈鹕衔鱼和螃蟹图案，寓意为二甲传胪、连年有余。上面柱头上安龙门枋，出三混，稍向外起突。枋上安两只大斗，出栱承托次楼屋檐。柱头出角栱替木，替木上承接一根短柱，短柱刻竹节纹，上安栱出挑次楼屋檐。龙凤版中间用高浮雕工艺，正面雕麒麟回首；背面雕天官和仙僮，四周镂空雕如意头纹。龙凤版上面花枋稍向外突出，正面雕鲤鱼水波纹，背面端部雕龙凤纹，中间雕大小狮子、祥云环绕，日月牌镂空雕卷草如意纹。龙凤版上为单额枋，出三混，上安斗栱承托正楼屋檐。

2004年1月被公布为义乌市级文物保护单位。

节孝石牌坊

龙皇亭

龙皇亭

位于佛堂镇倍磊三村东街77号，建于清嘉庆年间。建筑坐东朝西，横跨在桥上，西溪蜿蜒自桥下穿过向东北流淌，亭北侧为龙皇殿。

该亭为四柱单间木构四方亭，系重檐歇山顶建筑，上檐用滚瓦花脊，正脊、戗脊吻鳌鱼，翼角起翘。屋面用阴阳合瓦，设封檐板，檐口设勾头、滴水，雕花草。亭南山面安搏风板，绘太极悬剑图。

该亭通高9.4米，每边长4米，四面出檐均1.3米，占地面积为28平方米。用四柱，北边用圆木柱，置石鼓、磉礅；南边用两根方石柱，柱间安石栏板。下檐左右两根亭柱间，于

前后檐檩下各施两大垂莲挂落柱，落柱之间为井口长扒梁连前后单步梁，用月梁形制，长扒梁上方为额枋，上面施两攒六升栱承托檐檩，用斜撑上施斗六升栱挑檐。井口长扒梁内接四根井口短扒梁托井口天花，亭中间设斗八藻井，分三层，逐层往上收缩，呈蜗状，最上层为十六边形。亭内纹饰多为勾连回纹、卷草纹、夔龙纹、蝙蝠如意纹、花瓣纹等。

该亭经多次修葺，现保存完好，是义乌市较有特色的亭榭。

1987年5月被公布为义乌县级文物保护单位。

61

承吉堂

位于义乌市后宅街道前傅村，由傅安璀于清道光二十三年（1843年）开始兴建，至咸丰五年（1855年）建成。

承吉堂坐北朝南，占地面积为1600余平方米，三进两厢两廊两层，硬山顶，五花马头墙。

门厅两层，面阔五间19.5米，进深五柱7.7米，明间和次间以砖墙相隔。后檐廊有天花，贴饰团龙、仙鹤等图案。

正厅两层，重檐，为敞开式。面阔五间19.5米，进深8.5米。前檐廊为船篷轩，东西两端辟龙虎门，通往堂外。次间与梢间用砖墙相隔，梢间封闭，在次间前金柱和梢间前金柱之间辟门与前檐廊相通。门厅后壁为屏门。正厅由东向西悬挂"兰桂腾芳"、"承吉堂"、"四世明经"三块牌匾。大厅天井与左右厢房的天井间用砖墙相隔，墙上绘有墨线画，砌砖雕花窗。

堂楼两层，硬山重檐，山面设七花马头墙。面阔五间19.5米，进深6.5米。封闭式厅，各间之间以板壁相隔，前金柱之间用格扇门相连。前檐廊用天花，两端辟龙虎门通往堂外。天井与左右厢房的天井间用砖墙相隔。

承吉堂保存完整，规模较大，雕刻精美，在家谱中有关于建造年代的记录，具有较高的艺术和历史价值。

2005年1月被公布为义乌市级文物保护单位。

承吉堂外景

承吉堂内景

承吉堂边门

承吉堂天花

承吉堂天花

方大宗祠

位于后宅街道塘下村，南宋景炎二年（1277年）始建于上方镇圣殿之东，明嘉靖年间迁于现址，明万历甲辰（1604年）扩建，后毁于战火，现存建筑为清光绪二十四年（1898年）重建。

该建筑坐北朝南，分三进两廊一花厅三个院落，占地面积约2000平方米。建筑依山势而建，前低后高，寓步步高升。周边溪水环绕，山面纵贯三座五花马头，寓方氏族中连中三进士，显得气宇轩昂。当地人将整座建筑概括为"七厅五堂九门栏（即门厅），九级踏步五石桥"。

前进门厅，面阔九间，硬山顶，用花脊，脊吻鳌鱼。屋面阴阳合瓦，檐口设花沿滴水。

正中三间辟屋宇式大门，明间大门两侧置重约2吨的石狮一对，门上方悬挂"方大宗

祠"木匾一块。前檐和走廊设船篷轩，各三步轩橼。后檐设天花，两侧连廊庑，靠天井一周廊柱间设寻杖式勾片木栏杆。门厅的梁、檩、枋、廊轩、天花、雀替、牛腿、角栱（又称插翅）等部位饰雕刻、彩绘，雕刻精细，色彩鲜艳。梢、尽、末间两层，穿斗式。

中进大厅，面阔七间29.6米，进深11.25米。五架抬梁前后双步，均用方石柱，置石鼓、方础。冬瓜月梁，两端雕刻鱼鳃纹，丁头栱均作云头出翘，单步梁作卷龙状，牛腿以"S"形倒挂龙和人物故事为主。大厅的梁、檩、枋、雀替、斗栱、插翅等饰彩绘，人物鎏金，雕刻图案精美。

第一、二进间的天井很开阔。出门厅中间架一座双拱单墩桥，左右设泮池，水池三面围明代留存的石质护栏，石栏板上雕刻有动物、

方大宗祠

花卉图案，制作考究。

后进为20世纪90年代在原址重建，台基较高，两侧设九级踏步，建筑五开间，抬梁结构。

花厅在建筑西侧，厅堂三开间，左右两厢两层各两间，前面设廊庑，为回廊式四合院结构，雕刻精美。

方大宗祠规模宏大，布局完整，精美的木雕、石雕、彩画，给人以美的享受，它是义乌市保存较为完整的清代江南宗祠建筑。

1987年5月被公布为义乌县级文物保护单位。

方大宗祠内景

方大宗祠内景

方大宗祠水池石栏板雕刻

方大宗祠水池石栏板雕刻

大安寺塔

大安寺塔

位于市中心绣湖公园旁。据有关史料记载，大安寺塔建于宋大观四年（1110年），比大安教寺仅迟建一年，由本县施主吴圭（1068～1121年）出资修建。明代局部坍塌烧毁，永乐十四年（1416年）陈永诚户曾倾家资重修，现存塔身五层。

该塔系六面五层砖木结构楼阁式塔，残高23.42米，塔座直径6.82米、高0.5米，用石板叠成台阶式，塔身底层内径2.9米，外面宽3.4米，塔壁厚1.35米。每层均有腰檐和平座，扶壁栱施重栱。转角处有倚柱，柱头卷杀。倚柱间有兼柱，将每面分成三间。明间设壶门或壁龛，底层三面设有壶门，二至五层错落设有壶门三座，壶门内顶上铺天花，塔砖模印有"庚寅岁建"、"孝妻王氏建追荐故夫"、"省干吴忠翊速升天界"等阳文楷书铭文。大安寺塔是义乌市现存最早的砖木结构塔。

1981年5月18日被公布为义乌县级文物保护单位。1996年在政府出资和民间捐资的基础上,对大安寺塔进行了加固性修缮。

大安寺塔砖铭

大安寺塔砖铭

大安寺塔砖铭

大安寺塔远景

一峰塔

一峰塔

　　位于江东街道塔下洲村钓鱼矶山上,系砖木结构,明万历三十一年(1603年)知县张维枢倡建,完成五层,后继任知县周廷侍命邑人陈思善捐资增建二级。现为六面七层,高约40米。塔身底层内径3.65米,内面宽2.05米,外面宽3.88米,塔壁厚1.56米,塔座面宽4.2米,每层有腰檐。每层辟拱券门和壁画佛龛各三座。该塔是义乌市内保存较好的古塔。

　　1981年5月18日被公布为义乌县级文物保护单位。

航慈溪桥

航慈溪桥远景

位于义亭镇先田村，长46.5米，宽1.9米，高4.5米，东西横跨航慈溪。中间设有六个船形桥墩，南部迎水面呈三角形。桥墩长4.45米，宽1.35米，高4.1米。桥面由35块长6米、宽0.41米、厚0.32米的青石板铺成。两桥墩间用5块石板铺成。据金华傅村《东山傅氏十九修宗谱》记载，此桥建于明嘉靖三十四年（1555年）。

2004年，因修建浙赣线铁路穿越该桥，报经浙江省人民政府批准，将该桥迁至上游120米处保护。

航慈溪桥

1987年5月11日被公布为义乌县级文物保护单位。

普济桥

普济桥

位于上溪镇塘西村旁，重建于清道光六年（1826年），1996年进行了保护性维修。该桥系框式石拱桥，用纵联砌置法二墩三拱建成，规模较大。由桥墩、桥身、桥面、围廊构成。主桥完整，长36.2米，面宽4.1米，桥两端原有引桥，现已改为台阶。桥墩迎水面为箭头状，伸出桥面2.8米，高3.6米，宽3米，桥墩上部离桥面2.4米。围廊两边共有16个桥柱，其高1米，柱与柱间隔2.85米，分别由一块长0.8米的石板连接。

此桥原以"普天下百姓同舟共济、和平度日"而名，后因其靠近塘西村，又名塘西桥。

1987年5月11日被公布为义乌县级文物保护单位。

普济桥

亘古桥

亘古桥

位于上溪镇沿华村旁，建于清道光九年（1829年），系纵联砌置法单孔石拱桥。桥全长18.4米，宽3米，桥拱宽10.04米，拱高5.8米，桥顶设有条石望柱栏板，桥身南侧青石板上刻有"亘古桥"三字和建造纪年"道光九年"。桥两边铺有条石台阶各十八级，台阶宽约0.3米。

1987年5月11日被公布为义乌县级文物保护单位。

亘古桥

松瀑山摩崖石刻

　　位于义乌市赤岸镇乔溪村松瀑山。石刻分三处，两处题于南乔峡崖岩上，分别是"松瀑泉石"和"是人间尘外境，何须入峭壁森，佳水澈底清，来坐禅，石危多隐者，春来砌岸锄荒径"，均为阴刻楷书；另一处题于松瀑山下"金布机"石上，亦阴刻楷书，石刻文字分7行，计101字，内容为松瀑山名的由来，落款为"时嘉定丁丑十有一月戊戌里人朱公坚应之撰并书"。这是义乌市内保存较完整的摩崖石刻。

　　1987年5月被公布为义乌县级文物保护单位。

松瀑山摩崖石刻

松瀑山摩崖石刻

松瀑山摩崖石刻拓片　　　　松瀑山摩崖石刻拓片

培德堂

培德堂外景

位于义乌市佛堂镇田心村，建于清道光乙未年（1835年），由该村火腿商人王恒玺所建，时任江苏巡抚林则徐赐堂匾。

建筑坐北朝南，分前后三进，中轴线上依次为门厅、大厅和堂楼，大厅后设弄堂与厢房前夹弄相通，再砖砌一道影壁，与后院相隔。副轴线为左右两厢房，厢房前为夹弄，供过道。建筑以大厅为核心，前后围成两个四合院，为廊院结构。建筑通面阔28米，通进深42.8米，占地面积为1198平方米。

门厅建筑立面具有徽派建筑的装饰风格，多采用砖作平雕手法，显得简洁大方，十分雅致。建筑用硬山顶，五花山墙，前檐设墀头。南门照墙上设随墙式石壶门，设砖雕门头、门脸。大门上方龙凤版上嵌青石匾，中匾题"绵延庆泽"，两侧日月牌分别雕"舜耕列山"和

"孔子问道"典故。东侧门龙凤版上题左匾"继善"，日月牌上分别雕陶渊明赏菊和周敦颐爱莲；西侧门龙凤版上题右匾"成性"，日月牌上分别雕陶渊明爱菊和五柳先生典故。

门厅二层，穿斗式。明间前檐设四扇屏门，后檐敞开，前檐大额枋上悬"惟勤"匾额。后檐走廊设天花。

大厅为建筑的核心，面阔三间，进深九檩。敞开厅，彻上露明造。明间五架抬梁前双步后两双步，次间为穿混结构，边贴用九架列式柱架。梁架结点用斗栱承接。明间内额枋上悬"培德堂"匾额，落款为"道光乙未岁"、"少穆林则徐"，右下角押两枚方印。额枋下置六扇屏门。后檐墙辟石库门，门额上题"古训是式"青石匾，三线叠涩下绘墨线画。

堂楼和东西厢房为家居建筑，二层楼屋，

培德堂内景

用穿斗式。堂楼前檐廊设井口天花。

　　建筑的木雕精美，梁、檩、枋、雀替、牛腿、门窗均饰雕刻。檐檩雕凤穿牡丹、仙鹤戏莲图，雀替雕八仙人物、亭台仙阁、折枝花卉等，牛腿雕狮子戏球、天官赐福、加官晋爵、

神童刘海、蟠桃献寿图等。前、后院牛腿琴枋前面还分别刻有"大"、"明"、"高"、"广"、"福"、"禄"、"桐"、"椿"等字，表达美好心愿，很有特色。

培德堂门面砖雕

培德堂门面砖雕

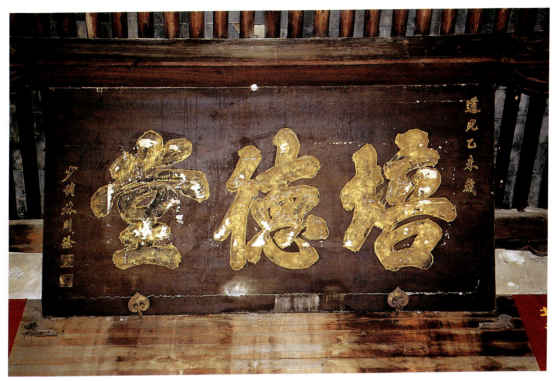

"培德堂"匾

培德堂"惟勤"匾

陈望道故居

陈望道故居

位于义乌市城西街道分水塘村，建于清宣统元年（1909年），为前廊式天井院结构砖木建筑。

建筑坐北朝南，呈"凹"字形布局，正室五间，前设弄堂，左右厢房各二间。南面山墙辟石库大门，门前设照壁，正堂明间门口上方悬挂汪道涵题写的"陈望道故居"匾额。弄堂东西两头山面辟边门。建筑前面为一小花园，用鹅卵石铺路，四面围

陈望道故居内景

墙，南面辟单间屋宇式院门。西厢房西面有柴房一间，因多年未修，毁坏较严重，原出西边弄堂门为一个小水池，现已填平。

建筑为二层楼屋。通面阔17.3米，进深8.25米，建筑面积为294平方米。明、次间底层开敞，梢间隔断。明间五架抬梁前后月梁，用冬瓜月梁。次间及厢房为穿斗式，梢间为减柱造。前檐施牛腿出挑。二楼为穿斗式，前檐设槛窗。

木雕工艺是故居的点睛之笔。木料虽用材不大，但雕工精细，内容雅俗共赏。正室明间前檐牛腿用实雕技法，雕双狮戏球、鹿衔灵芝图案，厢房雕回纹和人物。雀替、额枋等处雕人物、花草、鱼藻等图案。

厢房前檐用隔扇门、窗，格心镂空雕"卍"字锦，间有梅花镶嵌，花心用浅浮雕工艺，雕刻戏曲人物故事，有三英战吕布、关羽单刀赴会、羲之爱鹅等，富有韵味。

故居现为义乌市级文物保护单位及爱国主义教育基地。1998年8月对故居进行了整体维修。故居内为陈望道生平照片展。

陈望道（1891～1977年），原名陈参一，他在故居度过了童年、少年时代。1913年考入之江大学专攻英语和数学。1915年，东渡日本留学。1919年"五·四"运动爆发后回国，投身于轰轰烈烈的反帝反封建的新文化运动。1920年3月回到家乡分水塘村，在柴屋内完成了《共产党宣言》首个中文版翻译工作。《共产党宣言》中译本的出版，为中国共产党的创立奠定了思想基础。同年，他参与筹建上海马克思主义研究会及中国共产党上海发起组，并担任上海马克思主义研究会小组负责人之一。1949年出席第一次中华人民共和国政治协商会议，被任命为华东军政委员会委员。1952年，毛泽东主席亲自任命陈望道为新复旦大学校长，直至1977年去世。

陈望道对语法学、修辞学尤有贡献，著有《修辞学发凡》、《文法简论》、《美学概论》、《因明学》等，并主持修订《辞海》，为中国的文化教育事业做出了巨大的贡献。

陈望道故居内景

端本学堂旧址

端本学堂

位于义乌市赤岸镇
乔亭村，距义乌市中心
约25公里。建筑坐北朝
南，分前后四进左右厢
房一戏台三个天井一个
水池，砖木结构。第四
进堂楼建于明代，其他
建筑建于清光绪三十二
年（1906年），总占地
面积为988平方米。

端本学堂牌匾

第一进为门厅。硬
山顶，片瓦脊，阴阳合瓦。明间辟石库门，前
檐设墀头，五岳朝天式马头墙。

门厅面阔五间，明间敞开，为穿抬混合结
构。前檐额枋上悬"敦本祠"匾额，明间后檐
设井口天花，后边附设戏台。

戏台用歇山顶，滚瓦花脊，脊中饰葫芦宝

瓶，寓意平安吉祥。正吻鳌鱼，戗吻鸥尾。方
形顶棚，设天花、藻井，藻井内彩绘太极图，
出檐用牛腿。檩条、牛腿、雀替饰有雕刻。

大厅进深七檩，前檐敞开，彻上露明造，
后檐设棋盘门隔断。明、次间五架抬梁，前后
单步梁，用扁作月梁。梢间边贴为穿斗结构，

七架列式柱架。金檩、檐檩雕缠枝花卉，雀替雕"暗八仙"和折枝花草。后檐额枋挂"威镇福沙"匾额，乃明万历乙酉年为旌表"福建建宁府左卫镇抚冯仲言"（冯仲言，字子明，赤岸乔亭村人，赠武德将军，葬于乔亭下西山花坟头即今蟹钳形山南麓）而立。

端本学堂内景

第二、三进之间两侧连以穿廊，中间为天井，用鹅卵石铺地。

第三进为后堂，五开间二层，抬穿混合结构。

第四进为堂楼，坐北朝南，在中轴线上呈不对称布局，面阔四间。前方天井内设一长方形水池。第四进的建筑年代比前三进要早，从建筑特征上看，应是明代中、晚期的建筑，现残损严重。

该建筑原是家祠与居住结合的民居建筑，是义乌最早的近现代小学——端本学堂旧址，具有一定的历史文化价值，为义乌市近代纪念性建筑之一。

1999年3月被公布为义乌市级文物保护单位。

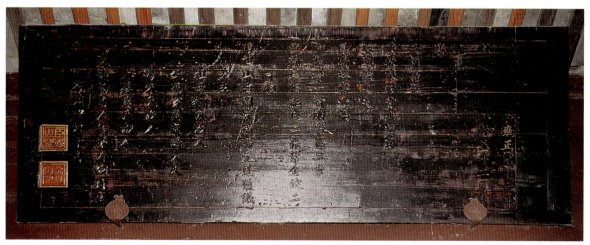

端本学堂牌匾

友龙公祠

友龙公祠

坐落于义乌市佛堂镇江东路120号，距义乌市区约15公里。始建于1919年，由民国时期佛堂丁氏新冠太公（字友龙）一房子孙共同出资修建。

该建筑坐东北朝西南，方位角NS115°，通面阔20米，通进深37.8米，占地面积为750平方米，为前后三进两廊一穿堂建筑。

门厅为硬山顶，清水脊，阴阳合瓦，铺望砖。"一"字形院墙，明间辟石库门，门额上题"友龙公祠"，落款为"丙寅四月潍县王寿彭"。

门厅面阔五间，用通柱。前檐柱用方形石柱，覆斗状柱桢，垫磉礅。明间草架，前檐设屏门，后檐设廊敞开，用月梁。屋顶设井口天

友龙公祠内景

花，天花板素平。次、梢间为二层，穿斗结构。

门厅与大厅之间两侧连廊，用穿斗式，二楼前檐设直棍栏杆。

大厅是建筑的核心，是丁氏家族聚会、祭祀和举行大典活动的重要场所。

大厅面阔五间，进深九檩，为敞开厅，彻上明造。金柱、檐柱上均题刻楹联，三合土铺地。

明、次间用五架抬梁，前后双步梁。梢间边贴用穿斗结构，九架列式柱架。大梁用冬瓜月梁，梁下雀替雕民间神话人物故事。梁架间用瓜柱承接，隔架科、柱头科、角科于柱头出角栱替木托檩条。后檐平身科施两攒"工"字

栱。

大厅牛腿用实雕工艺，分别雕文、武天官和福禄双全、蟠桃献寿等，琴枋雕神话人物故事。

大厅与后厅之间为穿堂，穿堂为四柱单间长方亭，五架抬梁前后单步梁。穿堂两侧各设一小天井，两侧为耳房。

后厅进深七檩，明间五架抬梁，前单步后穿枋，次、梢间为穿斗结构。明、次间敞开，梢间隔断。

该建筑于20世纪40年代曾为金华师范附属小学，1950年被县政府借用为粮库，2002年进行维修，2004年1月被公布为义乌市级文物保护单位。

81

毛家大院

位于义乌市佛堂镇，由毛祥发、毛祥熊兄弟二人建于1922年。整幢建筑由一条东西向的主轴线，两条南北相向的副轴线，共同围成一个四合院，左右两个三合院，全部为二层，砖木构。建筑通面阔39米，通进深24米，总占地面积为836平方米。

主体建筑坐西北偏东南，方位角NE95°，前临上塘，背靠义乌江，为前后两进三开间两弄两层的厅堂建筑，中间是一个长方形的天井。

副轴线上为两个南、北相向的对称三合院。建筑布局小巧，构思精妙，装饰精美，是一幢玲珑精致的江南庭院。正房一排五间，左右厢房各一间，用穿斗式。南面为一堵高高的五花山墙，明间辟石库大门通厅堂，弄堂东西两头辟边门。

建筑用硬山顶，山面搏风板下边檐墙上堆塑有缠枝莲花。门窗屋檐与牌楼处均有浮雕，用石膏堆塑，窗棂用钢筋。

建筑外檐装修精美为一大特色。正房天花枋下面的额枋上多用减地雕、烫漆工艺，镌刻文人花鸟画，并用行书题诗句，诗、书、画融合。门窗用隔扇窗，横披、格心、绦环板等雕有丰富的图案，有菱形棂花、三交六椀、冰裂纹、盘长万字结间嵌四季豆、蝴蝶、喜鹊、枇杷、石榴等，还有"田"字框隔心，其间镂空雕四个海棠花灯笼框，里面镶嵌玻璃。牛腿雕凤凰、老鹰、山水、人物、亭榭等，层峦叠

毛家大院

毛家大院外墙窗户

毛家大院内景

嶂，精美绝伦。有趣的是明间前檐牛腿立面上还雕有一幢哥特式风格的西洋建筑，三段式布局，穹隆顶，锥尖顶柱子等，体现了民国时期建筑文化的中西交融。挑檐檩下和照壁的檐口封檐板下边，一周雕饰花牙子罩。二楼靠天井一圈围寻杖栏杆，栏杆雕刻精美。照壁上施牛腿，挑出部分安天花板，雕菱花锦。

该建筑规模较大，造型别致、大方，取材精良，布局和功能完美结合，开合有致。厅堂用料粗大，家居装饰精美华丽，从建筑风格上看，外观采用西洋式，内部结构中式化，是一幢中西合璧的豪华民居建筑。

2004年1月被公布为义乌市级文物保护单位。

毛家大院牛腿

留轩小学

留轩小学

　　坐落于义乌市佛堂镇人民巷12号，距义乌市中心约15公里。建于1925年，由佛堂镇王斗村富商丁成余所建，为一所融中、西方建筑风格的私立小学。

　　主体建筑坐西南朝东北，方位角NE15°。现存建筑分前、后两进，附东、西两厢，中间为一天井，围成一个四合院。整幢建筑通面阔

21.5米，通进深26米，占地面积为559平方米，总建筑面积约810平方米。

　　大门为西式风格，北立面檐墙明间辟正门，设穹隆顶门楼，罗马柱，置石鼓、磉礅。门头上方饰高浮雕，在左右两个圆形边框内分别雕骑自行车的小孩和拉黄包车的小孩，是"学而优则仕"思想的体现。檐下设龙头滴

水，这种立面装饰可谓中西合璧。

前进为二层楼房，面阔五间加一楼梯弄。明间前檐设屏门，后檐敞开。梢间前檐辟边门。明、次间底层用抬梁结构，五架梁前后单步梁，用扁作方梁。明间草架，顶棚设井口天花，井口四角雕龙凤拱壁回纹图，中心圆形图案雕刻凤穿牡丹或松鹤延年。明间梁与天花间设板壁隔断，板壁上用减地雕、烫漆工艺，诗、书、画融合，风雅别致。次梢间设楼板，用穿斗式。

两侧厢房为二层楼房，穿斗结构，前檐辟直楞窗，牛腿雕刻为福、禄、寿、喜传统题材。

后进明、次间敞开，用五架抬梁前后双步梁，冬瓜梁形制，次间边贴用方梁，梢间用穿斗式，梢间板壁隔断。梢间二楼板壁上用减地雕工艺，有加官晋爵图、前程万里图等。

2004年1月被公布为义乌市级文物保护单位。

留轩小学内景

留轩小学梁架

吴棋记民居

吴棋记民居

位于义乌市佛堂镇，由民国时期当地富商"同顺丰"老板吴茂棋所建，是义乌现存最早的一幢砖木结构三层半高的楼房，总占地面积为1325平方米。分前花园和建筑两部分，整幢建筑为前厅后宅，分前、后两进三开间，左右厢房各六间及东西南北四条"井"字形弄堂围成一个四合院。另外，东西厢房南面扩出下房各两间一弄，建筑总占地面积约763平方米。

建筑坐北朝南，前园后宅。南面院墙正中辟单间三楼屋宇式大门，大门内砌一道影壁。从大门入，穿过花园往北走，即是建筑外檐墙。建筑南立面具有民国时期的特征，以中式建筑风格为主，并吸收了西洋建筑的元素，具有中西合璧的特点。

前厅为两层楼房，面阔三间，楼下为厅堂，前檐设屏门，后檐敞开。明间五架抬梁前穿枋后月梁，次间为穿斗式，用扁作方梁。二楼为家居，穿斗式。前檐用整壁的隔扇窗，格心镂空雕三交四椀菱花，前檐设美人靠步步锦栏杆。

后进为三层楼，四楼楼梯间带阁楼通平台。一楼明间为厅堂，前檐敞开，后檐屏门隔断。前廊用月梁，余皆穿斗。次间前檐用四扇隔扇门隔断。

该建筑的特点是布局精巧，构思独特，雕刻工艺精美绝伦。特别是牛腿、雀替、额枋、门窗以及外檐栏杆的雕刻，综合运用各种雕刻技法，内容多取材于传统民间故事、神话、戏曲人物故事和吉祥寓意图案等，有渔樵耕读图，有八仙过海、天女散花、王母拜寿、群仙拱寿图，也有穆桂英挂帅、三顾茅庐、桃园三结义等戏曲人物故事图案，还有凤凰、仙鹤、孔雀、老鹰、公鸡等珍禽瑞兽图案。雀替多雕瓜果、花卉、亭阁和生肖动物图以及梅、兰、竹、菊图等。隔扇门、窗横披、窗棂、花心、绦环板雕工精致，变化多端，格心有棂花、椀花，或是"田"字格，内镶玻璃。绦环板雕花草虫鱼纹、戏曲人物故事等。

2004年1月被公布为义乌市级文物保护单位。

吴棋记民居内景

怡 园

位于义乌市城区城中北路孝子祠公园内，建于1932年。原坐落于稠城镇徐陌巷27号，2000年因旧城改造建设工程而整体搬迁至此，现保存完好。

建筑坐北朝南，方位角NS172°。通面阔26.2米，进深13.7米，占地面积为359平方米。正厅三间，左右厢房各四间，为前廊式天井院结构的砖木构建筑。

整体建筑为二层楼房，硬山重檐，清水脊，仰覆瓦，檐口设勾头滴水，山面设五花马头墙。南面院墙上辟随墙式台门，正门居中，两侧边门，檐部绘墨线画。

怡园

进大门为天井，用条石铺地。正堂居中，为敞开厅。明间底层五架抬梁前双步后穿枋，后檐置四扇屏门，后金柱与后檐柱间辟侧门，置双扇屏门。次间边缝与二楼用穿斗式，板壁隔断。

厢房为穿斗式，前檐设廊，用月梁。厢房前檐用小方纹隔扇门窗，简洁大方。

该建筑为一幢小巧别致的江南庭院，其特色在于精美的木雕。厅堂的梁、檩、枋、雀替、斗栱以及前檐牛腿均有雕刻，图案有花卉瓜果、吉祥八宝、珍禽异兽、福寿双星和戏曲人物故事等，十分精美。尤其是靠天井一周的大额枋，雕刻尤精，梁头雕卷草如意纹，中间用剔地高浮雕工艺，雕三国人物故事，有桃园三结义、三顾茅庐等，人物形象鲜活，神态逼真。

1995年3月被公布为义乌市级文物保护单位。

怡园牛腿

怡园明间双步梁

怡园内景

善慧傅大士塔

善慧傅大士塔

　　位于佛堂镇塔山村云黄山顶，据出土于云黄寺的《清同治十年重修宝塔碑记》记载：善慧傅大士塔初建于宋绍圣二年（1095年），清同治十年（1871年）重修。1932年为大风所倒，1934年由乡贤朱献文捐资重建。

　　该塔系六面七层砖木结构空心塔，塔高约20米，边长2.32米，塔基高约2.2米，设11级踏跺，踏步石用条石，塔基用块石铺就。四周围寻杖式石栏杆，望柱头上蹲坐石狮子，华板雕龙纹、花卉等。副阶高0.12米，宽0.15米，用长条石铺墁。塔身底层直径3.8米，外面宽2.13米，塔壁厚1米。塔身用青砖砌筑，外抹纸筋灰。每层三面辟石拱券门，壁体直砌，作半圆形拱顶，拱门隔间、上下层错开。每层设腰檐翘角，原挂有风铃。腰檐和每层塔身的中部用砖砌出三道枭混线，角柱、出混、檐口、翼角等部位用墨线勾画。塔身内部每层用四根木条穿入墙体，起到连接和加固的作用。顶层翼角出翼角椽，椽头刻杀瓣。塔刹保存完整，有覆钵、相轮、葫芦宝瓶和天方画戟等，代表平安吉祥。塔身内壁上还嵌刻有乡贤朱献文的题记及《佛说偈言》石碑。

　　1987年被公布为义乌县级文物保护单位，1994年进行了修缮。

吴店烈士墓

位于上溪镇塘西桥东端的小山坡上，1965年为纪念在抗日战争、解放战争和抗美援朝等时期牺牲的吴璧璋、吴瑞献等35位革命烈士而建。墓呈梯形，上宽2.02米，下宽5.85米，高2.1米。墓前置纪念碑，碑正面刻"革命烈士永垂不朽"。纪念碑前有下沉式广场、供游人吊唁后休憩用的"怀英亭"和4通碑。整个陵园占地面积约4260平方米。

1981年5月18日被公布为义乌县级文物保护单位。

吴店烈士墓纪念碑

吴店烈士墓"怀英亭"

烈士陵园

由原位于新马路旁解放村的革命烈士陵园（20世纪80年代建）易地重建而来，现更名为长城公园。坐落于江东街道孔村的狮子山上，占地面积为168亩，周边青山连绵，松柏茂密。2002年10月18日动工，2003年清明节前夕对市民开放。设分段式阶梯甬道，以长方形青石铺砌，顺山势而依次提高。纪念碑高19.49米，上方高耸执红旗解放者群雕，以长城图案作护栏。碑身上直下略向外展，碑身正面阴刻"革命烈士永垂不朽"，系摹郭沫若先生手迹。基座正面宽8.9米，高2.5米，侧面宽7.4米，刻有表现不同历史时期重要事件的大型浮雕。纪念碑前辟有可容纳5000余人的平台，供大型集体吊唁活动。

1987年5月11日被公布为义乌县级文物保护单位。

烈士陵园

楂林烈士墓

原址位于大陈镇楂林二村义乌至楂林公路的小山背上，1991年重修。墓地面积约为360平方米，分三个墓冢，呈圆锥形，墓围径3米，用混凝土浇铸，上面封土。2004年因公路扩建迁移至现址，总占地面积为1350平方米。

现烈士墓位于楂林村离公路约150米的山岗上，四面环低岗或山峦，从公路有一条宽2～3米的碎石路通往墓地。

1943年创建的坚勇大队是中国共产党领导的抗日游击组织，楂林是诸（暨）义（乌）东（阳）抗日游击根据地的中心区域。该烈士墓就是为纪念在抗日战争、解放战争、抗美援朝战争中牺牲的24位革命烈士而建造的，其中还安葬着日本反法西斯同盟会会员坂本寅吉。墓区分墓前广场、纪念碑和说明碑等部分。纪念碑坐西朝东，分碑座和碑身两部分，用石质，呈白灰色。碑面阴刻"革命烈士永垂不朽"，由诸义东抗日自卫队政委江征帆题写，碑座上阴刻"血色丰碑"，南、北两侧为踏道，碑前面围石质栏杆，碑身后为说明碑，记载建墓缘由和烈士的名字、生卒年等。

楂林烈士墓

1987年5月11日被公布为义乌县级文物保护单位。

石室土墩墓

位于江东街道观音塘村西山上，为西周至战国中期墓。此种葬式不挖墓穴，采用平地堆封掩埋，后壁与两侧壁用数块未经加工的条石等垒叠而成，上覆以大块条石，前壁用大块石作封门，形成平面呈长条形的石室，石室外再用大量封土掩埋，成为石室土墩墓。

石室土墩墓

圣寿禅寺碑记

石碑安放于义乌市城西街道夏演东北的圣寿禅寺内。青石质，高1.61米，宽0.83米，厚0.14米。元至正五年（1345年）黄溍撰，吴直方篆额，周自强书丹。碑文20行，行38字，共721字，阴刻楷书，介绍了圣寿禅寺名称变更的经过及修建情况。黄溍（1277～1357年），字晋卿，一字文潜，义乌稠城人，为元代著名史官、书法家、文学家和画家，有《黄文献公文集》传世。

圣寿禅寺碑记

圣寿禅寺碑记拓片

何桐生民居

何桐生民居

坐落于义乌市义亭镇何店村，建筑坐西北偏东南，方位角260°。面阔三间一弄两层，前后隔断分为六间一弄，平面较为杂乱。建筑通面阔15米，通进深8.63米，总建筑面积为278平方米。从建筑风格上看，保留了较多的元代建筑的特征，后经多次修缮，它是义乌保存至今建造年代最早的砖木构古民居。

硬山顶，清水脊，阴阳

何桐生民居柱子

合瓦，用半圆形荷包椽，椽条粗厚，两侧出混，具有早期建筑的时代特征。前檐设廊，出檐很浅。后檐墙呈弧线形，从外观看就像一艘船，故又俗称为"船形屋"。

柱网平面很不规整，当心间用五柱，但左右前内柱中安一中柱。次间六柱，弄堂间边贴用八柱。内柱为圆木，置素平覆盆，显得扁而小，墙内不露明的柱础则仅用不规则石块。

梁架用草栿。当心间三椽栿前后乳栿前檐副阶，乳栿下安穿插枋，次间为穿斗式。梁栿用扁作弯材，局部拼合，端部刻曲线。梁架结点用铺作承接，补间铺作施重栱，外檐里、外转柱头铺作均为重栱出单抄单上昂。攀间用槫、枋，用大内额，二楼安"死扇窗"，用直棂窗。该建筑具有早期建筑的时代特征。

何桐生民居内景

何桐生民居梁架

虞大宗祠门楼

虞大宗祠门楼石雕"鲤鱼跳龙门"

　　该门楼位于义乌市东部廿三里街道华溪村，坐西朝东，方位角NS280°。虞大宗祠由虞守愚建于明嘉靖二十七年（1548年），因年久失修，祠已毁，现仅存门楼。

　　该门楼为单间柱式随墙式石库门楼，通高3.85米，设门额、门头装饰。檐部用三线叠涩。大门两侧立两根青石柱，柱头为龙门枋，出三混，下缘雕一行仰莲瓣纹，上沿用压地隐起工艺雕琴、箫、书、画图案，中间衔一个变体寿字。中间为龙凤版，字牌题"虞大宗祠"青石匾额，左款为"大明嘉靖二十七年岁次戊申仲夏端阳日"，为建筑的准确纪年，右款为"大理寺卿前右副都御史十七世孙虞守愚立"。下开门洞，门宽2.77米，用青石抱框，门枕石、门楣饰雕刻。门上压一道石梁，用剔地起突技法雕鲤鱼跳龙门图案。梁头雕如意头卷草纹做边框，下沿雕一行水波纹，浪花四溅，雕造自然。中间雕一个仿木构牌坊门楼，用重檐屋面，将图案分为左右两部分。左半边雕一条长龙，龙首上昂，祥云环绕。右半边雕三尾鲤鱼，一条鲤鱼正跳入龙门，头部已变成龙形，未跳过龙门的身子仍呈鱼形，另两尾鲤鱼正跃跃欲试。"鲤鱼跳龙门"比喻逆流向前，奋发向上，也比喻中举、升官等飞黄腾达之事。整个画面雕工细腻，线条流畅，造型生动逼真，工艺精美。

　　"鲤鱼跳龙门"图案在明代建筑装饰中较为常见，如存古堂门框石梁上亦雕刻此图案，但稍有不同。

存古堂石雕"鲤鱼跳龙门"

蓉竹公厅

位于义乌市廿三里街道大伦村，堂名留耕堂，建成于清乾隆四十七年（1782年），由丁光祖仲子丁士美、季子丁士森兄弟所建。因丁士美号蓉浦、丁士森号竹轩，取他们之号命名曰"蓉竹公厅"，又名"蓉竹常大厅"。

丁光祖为大岭人，以医术著称于世，居于城中。大岭村地势南低北高，丁氏祖先在规划村落时以蓉竹公厅为中心，南北依势而建，形成自南向北三条横轴线，东西向两端延伸的格局，可以自然地随着人口增长由内向外扩大村落的范围。每座建筑除蓉竹公厅为重厢外，多为前后三进三间，分门厅、大厅、堂楼和左右厢房各10间的布局，共有9座厅堂，计房屋300多间，从雍正十二年（1734年）始建，至乾隆四十七年（1782年）完成。每幢建筑不仅布局统一，风格相似，而且每座建筑之间用弄堂连接，南北开穹隆形石库门，东西向走廊两端有石库门相通，山面用马头墙隔开，连成一个有开有合，布局精巧的宏大建筑群。

蓉竹公厅坐北朝南，方位角NE216°，海拔107米。通面阔63.6米，共进深32米，为三进三开间，左右重厢房各10间，共计49间，分门厅、大厅、堂楼和左右重厢，占地面积为2035平方米，建筑面积约为3800平方米。

门厅二层，明间开石库门，用青石抱框，饰门头、门额，山面用三花马头墙，明间设天花。

蓉竹公厅石窗

蓉竹公厅石窗

大厅为敞开厅，彻上露明造，用材粗大。明间四柱，次间五柱，用圆木柱，置石鼓、磉礅。明间抬梁五架前双步后单步，冬瓜月梁，单步梁雕成挑尖猫背梁状，梁下雀替雕八仙人

蓉竹公厅石窗

蓉竹公厅石窗

物。次间边缝用穿混结构，梁下雀替雕夔龙纹或花草图案。前檐施牛腿出挑，雕狮子戏球和鹿衔灵芝图案。后金柱间置屏门，额枋上悬"留耕堂"匾额。

堂楼和厢房二层为前廊式抬穿混合结构。堂楼廊柱下石鼓雕工精细，通体雕梅、兰、竹、菊等花卉图案。前檐用隔扇门，格心雕刻精美，版心雕双凤穿牡丹和松树仙鹤等环形图案。

该建筑的厅堂与厢房之间用砖墙隔开，用青石漏窗，雕凤凰牡丹、麒麟回首等图案。

蓉竹公厅柱础

蓉竹公厅柱础

蓉竹公厅柱础

蓉竹公厅柱础

攸芋堂、锄经堂、存厚堂古民居群

攸芋堂

该民居群坐落于北苑街道柳青一村，由攸芋堂、锄经堂、存厚堂组成，经杨氏祖孙三代所建。

据《义乌稠岩杨氏宗谱》记载，攸芋堂建于清乾隆中期，为杨畅斋（1728～1776年）所建。

建筑坐西北朝东南，方位角135°，平面为三进三开间两厢。通面阔27米，通进深43.5米，占地面积为1175平方米，为前廊四合院式砖木结构建筑，以精美的木雕工艺为建筑特色。

大门设在中轴线建筑的最前面，门厅明间设随墙式石库门，左右厢房辟侧门。

门厅二层，用抬穿混合结构。明间后檐通敞，次间后檐用隔扇门隔断。后檐廊设井口天花，天花图案为八角形，井口用深浮雕技法雕凤穿牡丹、松鹤延年及孔雀衔灵芝等图案。梁下雀替雕花鸟图，雕工细腻、圆润。

大厅进深八架，为敞开厅。明间五架抬梁前后双步，用冬瓜月梁，次间为穿抬混合式。建筑用材硕大考究，用圆木柱，柱顶石鼓，下置覆盆。次间用方础，雕花草，四边抹梅花角。梁架结点用一斗六升斗栱承接。

大厅的雕刻精美绝伦。梁、檩、枋、牛腿、琴枋、雀替、斗栱、屏门等布满了雕刻。图案以各种龙、凤、云纹为主，还有花鸟、动物及戏曲人物故事，综合运用浅浮雕、高浮雕、圆雕、镂雕、线刻、实雕等技法，线条流畅，造型生动，是东阳木雕的杰作。

后进堂楼供家居，外檐门窗装修较精。

锄经堂位于攸芋堂后面，台基稍高于攸芋堂，建筑风格与攸芋堂相仿。相传为杨畅斋父杨位思（1695～1760年）所建。

锄经堂坐西北朝东南，方位角135°。通面阔35.8米，通进深27.8米，占地面积为995平方米，前后二进三开间左右两厢，为前廊式四合院结构。

主体建筑在纵轴后进，前对面和左右两侧厢房用"与"字形回廊相连，中间为一方形庭院，南、北厢房走廊两头辟石库门，向外启闭门户。回廊各间装有直棂窗，可向外眺望，扩大空间感。下槛用青石，安直棂窗，绦环板镂空雕螭龙。

大厅为二层，底层敞开，硬山重檐，用清水脊。

大厅一楼明间用五架抬梁前双步，后两双步月梁，次间边贴用穿混结构。

锄经堂的雕刻精美，具有清早中期雕刻的特征。梁、檩、枋、牛腿、斗栱、雀替、门窗均有雕刻，图案以龙、凤为主，还有反映传统吉祥寓意的花草虫鱼、珍禽异兽、八仙、神话人物、吉祥八宝等图案，线条流畅，层次丰富，立体感强，给人以美的享受。

存厚堂位于攸芋堂的右侧，与攸芋堂和锄经堂一弄之隔，弄堂仍保留原来的卵石铺地。相传由畅斋长子杨思堆建于清嘉庆二十四年（1819年），现存吴碧垕题款"存真葆朴"匾一块。杨思堆，字学丰，号云川，州司马同加二级，嘉庆十二年十二月十四日因"克襄王事"，朝廷封赠其祖、父为奉直大夫。

存厚堂坐西南朝东北，方位角45°。分东、西两个院落各11间，其中正屋7间，两侧厢房各2间，占地面积为500多平方米。二层重檐，为前廊式天井院结构，供家居，雕刻精美。

攸芋堂大厅梁架

攸芋堂门厅天花

锄经堂内景

攸芋堂与存厚堂间弄堂

锄经堂牛腿

存厚堂牛腿

攸芋堂大厅牛腿

尚书第照壁

位于江东街道大元村，是明代万历年间刑部尚书吴百朋（1519～1578年）府邸的一部分。

照壁坐北朝南，正对尚书第的大门，为砖砌四柱三间式，面阔13.7米，高4.9米，厚0.4米。清水脊，正吻鳌鱼，勾头滴水。照壁用水磨砖砌出额枋、抱框、柱、皿板、板壁等仿木构件，柱用青石质柱础，照壁底部用青石质须弥座地栿，雕刻有绳形纹饰。照壁前立有旗杆石四方。

照壁是中国受风水意识影响而产生的一种独具特色的建筑形式，又称"影壁"或"屏风墙"。风水讲究导气，气不能直冲厅堂或卧室，否则不吉。避免气冲的方法，便是在房屋大门前面置一堵墙。为了保持"气畅"，这堵墙不能封闭，故形成照壁这种建筑形式。照壁

尚书第照壁局部

具有挡风、遮蔽视线的作用，墙面若有装饰则形成对景效果。在明清两代的庙宇、官署、府邸等大型建筑的正门外往往建有照壁、牌坊等建筑，给人以庄严雄伟之感。

尚书第照壁

义性堂（后仓堂）

义性堂

义性堂，又名后仓堂，建于清乾隆五十一年（1786年）。建筑坐北朝南，偏东约10°，前后三进，为前廊式四合院砖木结构建筑。中轴线上依次为门厅、大厅、堂楼，左右两厢两弄堂，通面阔27.1米，通进深30.63米，占地面积为1047平方米，平面布局规整，规模较大。

门面用五间柱式三层五楼砖雕牌坊门楼，须弥座台基。两厢设五花山墙，显得雄伟气派。

明间起正楼，辟正门，次间起次楼，夹弄起边楼，开侧门。石壶门用红砂砾岩抱框，明间门脸上方砖砌小额枋，中间一个圆形"福"字，雕龙凤拱璧、龙凤呈祥。枋下雀替雕折枝菊花。小额枋上方为一道花枋，用深浮雕技法

雕龙凤拱福、禄两字。上面为大额枋，采用高浮雕技法雕凤穿牡丹，旁边为仙鹤晾翅。再上龙门枋，中间嵌青石匾额，题刻"濠濮涧想"字版。龙凤版雕双龙拱福，日月牌为暗八仙拱寿。上面几根折柱用立体透雕工艺雕仰覆莲。柱头间用单额枋连接，并稍向外突出，用高浮雕工艺雕缠枝花草纹，枋上置一斗六升栱交三幅云头。东、西次间小额枋用高浮雕分别雕仙鹤、祥云、海水纹及鹈鹕、睡莲、水草纹。檐部三线叠涩，檐口设滴水。硬山顶，用花脊，脊中安葫芦宝瓶，正吻龙首鱼身，翼角平缓生起。边门上方开六角形洞窗。

门厅二层，面阔三间，明间后檐开敞，次间隔断，用穿抬混合式。

大厅为建筑的核心，敞开厅，彻上明造。

义性堂门楼

义性堂梁架

明间五架抬梁前船篷轩后双步月梁，次间边贴为穿斗式，九架列式柱架。梁架结点用斗栱承接。梁下雀替雕折枝牡丹、亭台楼阁或花鸟。牛腿呈"S"形，雕福禄寿齐、刘海洒钱、脚踏金蟾等，形象逼真。檐檩、轩檩多以福、禄、寿、喜为题材，采用多种装饰手法，雕刻九狮滚球（寓九世同堂）、仙鹤月季花（寓长寿长春）等图案。

义性堂檩条雕刻

义性堂雀替

　　大厅后檐山墙明间辟石库门通后院天井，檐部三线叠涩下绘墨线画。

　　堂楼和厢房为二层楼房，用穿斗式，前檐用隔扇窗，青石槛墙，外檐装修较精。

　　义性堂建筑是融家祠与住宅为一体的浙中民居，以其精美的砖雕牌坊门楼和精湛的东阳木雕工艺取胜，堪称古代建筑艺术宝库中的一朵奇葩。

水阁楼

位于稠城街道森屋村，正式堂名为"一鑑"，俗称"水阁楼"，建于清嘉庆年间，当地人据《森屋龙港王氏宗谱》记载推断，该建筑为清嘉庆年间王礽顺（敕授儒林郎）或其子王世华（敕授职修郎）所建。解放后又在正厅北侧建造了五间。

建筑坐北朝南，方位角NS147°。正厅五间，左右两侧边厢各两间，三面围廊。后面一排五间为后期添建。建筑通面阔19米，通进深11.8米，占地面积为220平方米，为三合院结构。

水阁楼的选址可谓匠心独运，主体建筑置于一水塘之上，该水塘底部为岩石，中间起脊，村民称为龙背，水阁楼的中轴线正好在龙背上。前面两排青石柱桩立于塘中，每行14根石柱墩，每根柱上端垫一横向条石，再在上面构筑房屋。后枕坡地。

建筑硬山顶，仰覆瓦，五花山墙，铺木地板。东面山墙辟石库门，门脸、窗额以及门头三线叠涩下饰墨线画。南面山墙每间辟青石洞窗，石雕精美。

正厅两层，明、次间底层为敞开厅，梢间用板壁隔断，后檐用屏门。明、次间五架抬梁前后双步，梢间和两边厢用穿斗式。出檐施牛腿、雀替、牛腿和斗栱等饰雕刻。

水阁楼

水阁楼内景

水阁楼内景

前川太平天国时期关隘遗址

　　该关隘遗址位于义乌市赤岸镇前川村马溪自然村，距义乌县城约40公里。清咸丰十一年（1861年）太平军占领义乌，朱一新父朱凤七带头组织民团抵御，在前川、羊印等地修建了抵抗太平军用的城墙关隘。

　　该遗址地势险要，三面环山，峡谷间有一块盆地，地势平坦且十分开阔，可供万人集聚。北面地势陡峻，山路崎岖。城墙建在东西两座大山的峭壁间，将峭壁拦腰截住，犹如设了一道屏障。东面峭壁边马溪自南向北从

前川太平天国时期关隘遗址近景

高处跌宕而下，至城墙脚拐了一个直角大转弯，向西面去，冲到10多米，又向北拐了一个直角大转弯，冲出城门，直泻山崖。从地势上看，这里的确是一个天然的关隘，易守难攻。

城墙横跨东西，长约40米，宽2.75米，高3.3米。地基建在溪边的岩石上，用溪里的块石垒砌，块石缝间用小石块填实。

城门开在城墙中部，为拱券结构。城门坐南朝北，门洞宽2.75米，高2.7米，纵深2.75米。城门内地基顺地势而建，溪地铺一层地面石作基，上面用大块石垒砌拱脚，拱脚向外撇，拱脚宽约2.2米。拱作半圆形，券顶厚0.6米。斧刃石用长0.6~0.8米的扁平块石并列砌置，缴背用一两层块石平砌，拱上再铺两三层大块石，块石上方垫30厘米厚的碎石夯土层作城墙铺地，现城墙上长满了藤蔓植物。

前川太平天国时期关隘遗址远景

羊印太平天国时期关隘遗址

该关隘遗址位于义乌市赤岸镇羊印村天龙山，距义乌县城约40公里，距羊印村约1公里。清咸丰十一年（1861年）前后，由朱一新父朱凤毛带头修建。现城墙内第四级台阶上还阴刻"抵抗长矛而造"。

该遗址建于义南通往永康的一条羊肠古道上，前面略开敞，但城墙所在位置正好在天龙山和另一座山之间的狭谷中，两边是峭壁，西边悬崖边有一块巨岩，一道深壑，是天然的屏障。城墙建在西端的巨岩与东边的峭壁间。

羊印太平天国时期关隘遗址远景

羊印太平天国时期关隘遗址近景

羊印太平天国时期关隘遗址文字拓片

城墙横跨东西，长约25米，前面离地高6米，后面距地面4.3米，墙宽0.9米。南面设一长方形平台，长3.8米，宽4.8米，高4米。城墙中部开门洞，为石拱券结构。城门坐东南朝西北，方位角20°。城门内台基南高北低，设四级台阶，用长条石铺地。前部有一个平台，用大块石平铺。台基上砌拱脚，用大块石垒砌。拱脚向外撇，逐渐向上收分。门洞前窄后宽，分为前后两个拱券，前面一个拱券前面门洞宽2.1米，高4.2米，后面门洞宽2.3米，高3.85米。后面（南面）一个拱券门洞两边向外突出0.45米，门宽3.2米，高3.15米。拱脚前面下宽约2.3米，南面下宽1.85米，总纵深4.8米。拱作半圆形，券顶厚0.85米。斧刃石用长0.6～0.8米的扁平块石并列砌筑，前面拱券缴背用1～2层块石平砌，后面拱券不用缴背。拱上再铺两三层块石，块石上方垫30厘米厚的碎石夯土层作城墙铺地，现城墙上长满了藤蔓植物。

互拥村蒋氏宗祠万年台

位于义乌市北部大陈镇互拥村（又名宦塘村）蒋氏宗祠内，建于清光绪乙未年（1895年）。建筑坐东朝西，方位角NS81°，为四柱亭式木构戏台（又称万年台）。

建筑通面阔5.05米，进深5.9米，台面高1.63米，于东面设扶梯。台面下用石柱，覆斗形柱櫍，古镜式柱础，石柱顶端横向钉木条，再铺木地板作台面，台面外缘三面围勾片栏，前面两侧设望柱栏杆，望柱头上蹲两只木雕狮子。台面上竖四根圆木柱，亭柱间饰挂落。后亭柱间设4扇镜面屏门，现改为隔扇门，格心镂空雕多宝格棂花，裙板雕莲花图，设门罩。两侧开月洞门，饰门罩。

建筑用歇山顶，花脊，正脊上堆塑螭龙拱首图，垂脊、戗脊端部雕卷草，方形檐椽，圆

互拥村蒋氏宗祠万年台牛腿

互拥村蒋氏宗祠万年台

形飞子，翼角起翘。屋面用阴阳合瓦，铺望砖，檐口设勾头滴水。

屋顶设八角藻井，分两层，逐层向上收缩。下层贴雕八仙过海图案，上层雕刻寿桃、

蝙蝠纹。藻井四周设天花，周围设檐轩，用单步轩椽，椽上铺望砖。檐檩、挑檐檩、牛腿等雕刻人物、瓜果、花卉和珍禽瑞兽等。

大夫第

大夫第为朱一新、朱怀新的故居，建于清光绪年间。建筑坐北朝南，分一间门楼和两个四合院各十八间，总占地面积约为1400平方米。

前进为一间屋宇式门楼，位于建筑的正前方，供来宾临时休息候见。门楼开石库门，设砖细门头，龙凤版上题"大夫第"青石匾额。

出门楼，穿过一天井，即为朱怀新故居，

堂名"葆真堂"。朱怀新（1850～1898年），光绪十五年登进士，历任主事、知县、知州。

建筑通面阔25.5米，通进深26.45米，占地面积为674.5平方米，为二进三开间、左右厢房各六间的前廊式四合院建筑。

硬山顶，五花山墙，辟三重门。外门为院墙式圆洞门，檐下出线饰墨线画，绘蝙蝠如意

图。进入里面为小天井，大门为"一"字形随墙式石库门，砖细门头，正吻鳌鱼。龙凤版题"经锄小筑"匾额，两侧砖雕为松、梅、寿石图。

登堂入室，门厅明间前檐额枋下为六扇屏门，后檐敞开。整个建筑为二层重檐屋面，前檐设廊，用井口开花。走廊一层用月梁，其余皆用穿斗。出檐用牛腿，雕福寿双全、狮子戏球等图案。厅堂次间和东西厢房隔扇门、窗雕刻极为精致，艺术性强，为建筑之特色。

该建筑在设计上还从另一侧面体现了屋主人的情趣，如西厢房南面向前延伸，最南端楼顶还设了一间观景小屋，用悬山顶，四周安隔扇窗，镂空雕冰裂纹。

向北隔一石子路弄堂即为朱一新故居，堂名"约经堂"。朱一新（1846～1894年），字蓉生，号鼎甫。光绪二年（1876年）中进

大夫第正门

朱怀新故居门面砖雕

朱一新故居门窗

士，历任内阁中书舍人、翰林院编修、陕西道监察御史，著述颇丰，尤精研经学，遗著合编成《拙庵丛稿》16册。另有康有为编《朱一新论学文存》存世。

约经堂坐北朝南，通面阔32.45米，进深20.7米，占地面积为672平方米。前后两进三开间左右两厢各六间，为前廊式四合院结构。

建筑硬山顶，二层重檐。廊用抬梁式，余皆穿斗。厅堂明间设井口天花，出檐用牛腿，雕刻精美。二楼前檐用直棂窗，用细的圆钢筋作棂条。

约经堂四周内、外檐装修极精，厅堂大额枋上雕夔龙纹和折枝花卉。次间隔扇门、窗用产自广东的木棉板，格心用菱花、椀花，有三交四椀、三交六椀等，绦环板用浅浮雕，雕刻折枝花卉，裙板采用烫漆工艺雕镌文人画，有梅、菊图等，极其精美。次间檐柱间设美人靠栏杆（现已残缺）。

朱一新故居厢房门裙板上雕刻的文人画

东西厢走廊还安装了落地花罩，镂空雕玉兰花（木笔花）和如意祥云，寓意必定如意。厢房隔扇门五抹，格心用灯笼框，灯笼框的形状很有趣，若是如意头灯笼框，外围雕刻图案则配盘长如意结和蝙蝠纹等，若是苹果、石榴、桃子等瓜果形状，则外围雕花卉相匹配。绦环板用浅浮雕技法，雕吉祥八宝和瓜果花卉图。裙板雕烫漆画，多为梅、兰、竹、菊、假山等文人花鸟图。另外还有四扇隔扇门，格心分上下两块，镂空雕各种几何图形，如鼎、茶壶及其他几何图形组合的纹饰，上安彩色花玻璃。裙板用减地雕工艺，雕刻八帧由朱一新本人所画的竹、兰图，画面上还有其题写的诗、

文，押"一新"方印，为研究朱一新的书画艺术提供了宝贵的实物资料，十分珍贵。西厢书房内用方整板壁，刻有八幅由当时书画家、官宦题赠的书法作品，其中有清著名书法篆刻家王士陵题写的小篆作品一帧，具有很高的艺术性，甚为雅致。书房南面隔壁的一间厢房内天花梁下面的枋上用镂空雕工艺，雕刻半圈玉兰花藤蔓，其中另一缝隔断设博古架、落地花罩等，别具一格。

约经堂天井中尚存一件釉陶缸，施青褐色釉，腰部题"朱约经堂"，通体分为若干菱形、海棠形开光，绘花鸟、蝙蝠等图案，具有一定的文物价值。

朱一新故居廊道落地罩

朱一新故居牛腿

朱一新故居书房隔墙上雕刻的书法

三德堂

位于义乌市苏溪镇西山下村,建于民国初年。建筑坐西北偏东南,方位角NS255°。建筑通面阔28.55米,进深33.2米,占地面积为948平方米。分前后两进南北两厢两个天井,为回廊式砖木构建筑。对外设4个门户,南北厢房前回廊东端山面辟东台门2扇,弄堂间辟南、北台门各一,均用六都青石抱框。东台门分别题"德厚流光"、"志坚成义"匾额。前院东面山墙照壁内绘墨线画。

大厅面阔三间,进深九檩。硬山顶,皮条脊,檐口用勾头滴水,五花山墙,前檐设墀头,次间前檐部位山面辟穹隆形洞门,通南北厢房回廊。

敞开厅。用圆木柱,明间四柱,次间五柱,置石鼓、磉礅。明间五架抬梁前后双步梁,后双步梁下用穿枋,单步梁为猫背梁。梁架结点用斗栱承接,脊檩下施斗三升替木,隔架科、柱头科施斗六升栱,檐檩与柱头交接处施角栱(插翅),雕卷草纹。出檐施牛腿,雕狮子、仙鹿图案,雀替雕人物、花草,檩下雕凤凰、仙鹤、孔雀及缠枝花草等,雕刻精美。

堂楼二层重檐,穿斗式,明间前檐设6扇屏门,屏门外贴饰花芽子罩,用垂莲挂落柱式。次间外檐用隔扇门、窗,格心雕三交六椀棂花,绦环版雕人物、缠枝花草,次间边贴前檐辟龙虎洞门。牛腿雕神仙人物。

南、北厢房各八间一弄,二层,外檐装修较精。

117

三德堂

三德堂内景

三德堂内景

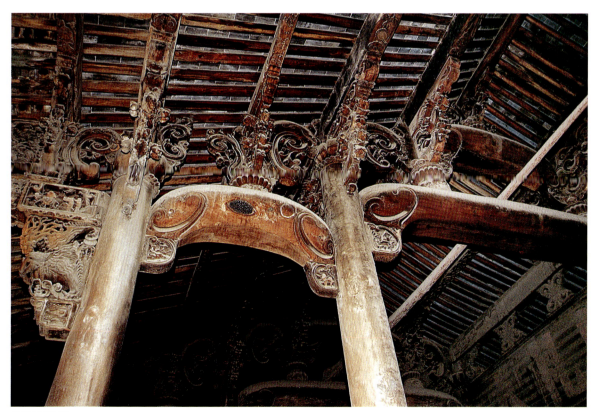

三德堂梁架

朱献文故居

位于义乌市赤岸镇雅治街村，民国初年由朱献文建造。建筑分前后三进三合院和后进东面的水阁楼，总占地面积为765平方米，建筑面积约为1350平方米。

建筑坐北朝南，南临大水塘。最前面为一进三合院，排五插一对合计12间，为二层楼屋。

建筑具有民国时期中西合璧的特点。硬山顶，阴阳合瓦，明间设石库大门，门额上墨书"入孝出忠"。建筑外立面带西式风格，二楼开五扇穹隆形窗户。里面为中式，除外廊外，均为穿斗结构，牛腿、额枋等木雕较精。天井狭长，既适合南方建筑采光的需要，又可避免阳光直射。檐口滴水"四水归堂"，寓意肥水不外流。天井用长方形石板铺地。

后面两进三合院为中式砖木结构建筑，装修较简陋。

出后进东门为水阁楼，北面辟石库大门，饰砖细门头，绘有墨线画。门额阴刻楷书"翰林第"青石匾额，为朱献文亲题，落款为"宣统庚戌年春月"。

水阁楼建于水塘之上，面阔三间一楼梯弄

朱献文故居石匾

二层，建筑面积为160平方米。

建筑为硬山顶两面坡，山墙前檐设墀头。明间用四根石柱作基桩立于水上，次间墙基用大块石垒砌，上面铺木地板，用木柱，建筑为穿混结构。东面辟一排隔扇窗，格心木雕精细，版心嵌玻璃。

朱献文生前回家乡多居于水阁楼，其故居土改时已分给农户居住。

朱献文（1872～1949年）原名昌煌，字郁堂，义乌赤岸雅治街村人。年少时，由拔贡考入京师太学堂，研习政法。光绪二十八年（1902年）赴日本帝国大学法科留学，回国后在法律编修馆，起草《民法·亲属篇》。民国成立后先后任国务院法制局参事、大理院推事、江西高等审判厅厅长、京师高等审判厅厅长等职，对推行法制颇多建树。晚年移居金华。

朱献文一生布衣蔬食，作风俭朴，平易近人，为世人所重。

朱献文故居

陈氏宗祠戏台

陈氏宗祠戏台

该戏台位于义乌市佛堂镇陈村陈氏宗祠内，建于清光绪三十四年（1908年），坐西朝东，为四柱方亭式戏台。

建筑用歇山顶，花脊，正吻鳌鱼，脊中饰天方画戟，寓意吉祥，垂脊吻走兽，戗脊饰花草，翼角起翘。屋面用仰覆瓦，檐口设勾头滴水。

戏台用四根石柱擎起，用扒梁做法。两根长扒梁与两根井口扒梁垂直相交，顶用八角藻井。藻井较深，正中为八边形平顶，贴雕圆形图案，雕松树、丹顶鹤。藻井壁用纵向支条交错钉在狭长的木板上做成，井口下大上小，逐渐向上收缩，呈放射状。藻井四周设天花，饰雕刻。戏台顶部在天花四角老戗（老角梁）相交处安吊柱，柱头雕仰莲瓣纹，绘太极图。

戏台出檐较深，勾檐斗角，装修精美大方，做工精良，显得雍容华贵。梁、檩、额枋、天花、藻井、牛腿、琴枋、斗栱以及翼角的嫩戗等均有雕刻或贴雕，有盘长如意、蝙蝠双钱纹，也有珍禽瑞兽、人物故事等图案。檐檩用高浮雕技法雕龙凤拱日图，尤为精美。

陈氏宗祠戏台藻井

121

石明堂花厅

位于义乌市城西街道石明堂村，建于民国时期。建筑坐西北朝东南，方位角NS254°。分前后两个庭院，前后院间以照壁相隔，明间辟石库门相通，总占地面积为606平方米。

前院为一个四合院，前厅后宅，分前后两进三开间，左右两厢各三间一弄，前檐设穿廊。

在两厢的弄堂两头辟石库门，正门朝西南，设砖细门头。建筑立面的装修具有民国时期的特征，如开方洞窗，用钢筋窗棂，窗额呈半圆拱券形，用石膏堆塑。

进入大门，穿过弄堂即正对天井。

前进为厅堂，后进堂楼。硬山二层，面阔三间，明间底层敞开，梁架结构与外檐的装修风格一致。

厅堂明间五架抬梁前后月梁，次间边贴用穿斗结构，梁架结点用一斗三升栱承接。二楼外檐出挑，挑出部分设天花板，靠天井一周设寻杖宝瓶式直棂栏杆。

后院为一个三合院，一排五间连两楼梯弄，前面穿廊，左右两厢各一间围成一个天井，山面砖砌一道照壁，五花山墙。

走廊两头辟石库门，大门朝西南。整幢建筑为二层楼房，穿斗结构。前檐设廊，用扁作

石明堂花厅内景

石明堂花厅牛腿

石明堂花厅牛腿

月梁。走廊外出檐设半船篷轩，一步轩椽，前檐用牛腿出挑。栏杆的做法与前院相仿。

　　该建筑的外檐装修精致为一大特色，梁、檩、枋、雀替、牛腿、斗栱、门窗、栏杆以及天花梁下面的枋子遍布雕刻，雕工精细，极尽豪华。内容取材广泛，具有浓郁的民俗文化和地方生活气息，有渔樵耕读、归牧图、牛郎织女、桃花源记、群英会、五子登科、稚童嬉戏等人物故事图，有和合二仙、蟠桃献寿、八仙过海等神话故事图，有青菜萝卜、折枝花卉、

山水亭榭、珍禽瑞兽等图案，还有西洋式的摩天大楼。斗栱的做法很新颖，琴枋上安皿板，上安一只下小上大的八面体化篮，网格镂空雕，花篮上插着各种花卉，有菊花、牡丹、长春花等，此种装饰富有创意。

　　花厅建筑聚集了东阳木雕之精华，是东阳木雕的上乘之作。建筑风格具有民国时期的特点，无论是立面装饰、新材料的应用，还是雕刻图案，都有西方文化的因素，体现了中西文化互相交融的趋势。

石明堂花厅木雕

石明堂花厅木雕

敦厚堂

位于义乌市佛堂镇塘下洋村，建于1925年，体量虽小，但极尽雕工之精细，木雕精美绝伦，现保存完好。

建筑坐西北朝东南，方位角155°。通面阔26米，通进深11.7米，占地面积为304平方米。正屋三间，左右厢房各三间，平面呈"凹"字形，为前廊式天井院结构。

硬山顶重檐，"一"字形院墙台门，正门居中，用石壶门。正门上方题"三斯叶吉"青石匾额，檐部绘墨线画。院墙内檐下饰彩绘，是反映当时义乌风情的民俗画，惜多已剥落。

进大门为一天井，长条石墁地。正堂居中，前檐开敞，后檐屏门额枋上悬"敦厚堂"匾额，落款为"民国乙丑年孟冬月吉旦"、"辉应朱树煌书"。次间隔断。

一楼用抬梁结构，五架梁前双步副檐船篷轩，双步轩椽。次间和厢房为穿斗结构。天花梁下边设随梁枋，雕暗八仙、如意云头等。前檐廊设天花，天花板的雕刻极精致。

该建筑的木雕工艺为其特色，厅堂梁、檩、枋、雀替、斗栱、牛腿、前檐廊的天花、天花垫板以及隔扇门、窗、槛窗等遍布雕刻，极其豪华精致。雕刻内容具有民俗文化特点，又融合了西洋文化的某些元素，反映了民国时期中西方文化的相互渗透。图案有冰裂纹、连珠纹、祥云纹、龙凤纹、蝙蝠如意纹、弦纹、盘长方胜纹以及英文字母等，有榴结百子、缠枝瓜蔓、葡萄、暗八仙、吉祥八宝图案，有文武天官、凤穿牡丹、鹤鹿同春、福禄双全、松鹤延年、麻姑献寿、官居一品、马上封侯、一

"敦厚堂"匾

敦厚堂隔扇门

敦厚堂牛腿

路连科等传统吉祥寓意图案，有空城计、群英会等人物故事和征战打斗的场面，灵活地采用圆雕、浅浮雕、高浮雕、镂雕、实雕等技法，雕工精细，线条流畅，神态逼真，艺术性强。

厢房外檐的装修精美绝伦。隔扇门五抹头，格心镂空雕，有"卍"字锦、步步锦、灯笼框等，嵌有各种小花饰，绦环板采用浅浮雕工艺，诗、书、画融合，有耕种图、早读图、才子佳人图和梅、兰、竹、菊图以及花鸟图等，富有韵味。

附　录

义乌市级文物保护点

序号	名称	时代	地址
1	后山墓群	汉	稠城街道井头村
2	戚宅里	明	稠城街道西门街77号
3	水阁楼	清	稠城街道荷叶塘森屋村
4	善庆堂	清	稠城街道荷叶塘上周村
5	十六间	清	稠城街道荷叶塘森屋村
6	宗氏家庙	清	稠城街道宗宅村
7	日章堂	清	稠城街道屋基村
8	陈氏宗祠	清	稠城街道屋基村
9	聚星堂	清	稠城街道屋基村
10	花厅	清	稠城街道杨村
11	十三间	民国	稠城街道前王村
12	廿四间	民国	稠城街道旧清塘村
13	楼氏家庙	民国	稠城街道官端前村
14	花厅	民国	稠城街道下西陶村
15	后湾田祠堂	清	稠江街道江湾新园村
16	四文里（承庆堂）	明	稠江街道上崇山
17	造宣祠	清	稠江街道殿口商村
18	花厅	清	稠江街道杨三村
19	曲江祠（永恩堂）	清	稠江街道上田村
20	西第户	清	稠江街道下沿塘村
21	新厅	清	稠江街道下沿塘村
22	旧厅（绍文堂）	清	稠江街道下沿塘村
23	戏台	清	稠江街道江湾村
24	牌坊	清	稠江街道崇山村

序号	名称	时代	地址
25	林山寺（日军细菌战遗址）	民国	稠江街道崇山村
26	锄经堂	清	北苑街道柳一村
27	攸芋堂	清	北苑街道柳一村
28	礼耕堂	清	北苑街道柳一村
29	慎美堂	清	北苑街道柳二村
30	本立堂	清	北苑街道柳三村
31	求宁堂	清	北苑街道柳三村
32	小房厅	清	北苑街道畈东村
33	万村祠堂	清	北苑街道万村
34	五常堂	清	北苑街道万村
35	大二十四间（永建堂）	清	北苑街道塘坦村
36	小二十四间（永花堂）	清	北苑街道塘坦村
37	厅堂	清	北苑街道塘坦村
38	叙伦堂	清	北苑街道青溪村
39	六吉堂	清	北苑街道青溪村
40	三房厅（存德堂）	清	北苑街道青溪村
41	五常堂	清	北苑街道青溪村
42	庆和堂	清	北苑街道何麻车村
43	绳武堂	清	北苑街道下里角塘村
44	新厅	清	北苑街道下里角塘村
45	凤凰头土墩墓	春秋战国	江东街道隔塘村
46	黄古头墓群	汉—唐宋	江东街道黄古头村
47	李宅墓群	汉—唐	江东街道李宅村
48	狮子厅照壁	明	江东街道大元村
49	尚书第大头门	明	江东街道大元村
50	九成堂	清	江东街道大元村

序号	名称	时代	地址
51	"枢密院使"亭	清	江东街道大元村
52	龚泰墓	明	江东街道龚大塘村
53	龚永吉墓	明	江东街道龚大塘村
54	钓鱼矶题刻	明	江东街道九联塔下村
55	十八间	清	江东街道九联塔下洲村
56	龚一清墓	明	江东街道东坑村
57	崇德堂	清	江东街道平畴村
58	廿四间头（余经堂）	清	江东街道平畴村
59	新厅	清	江东街道青岩刘村
60	大厅	明	江东街道青岩刘村
61	继序堂	清	江东街道东新屋村
62	余庆堂	明	后宅街道苏街村
63	八角井	宋	后宅街道后付村
64	前厅	清	后宅街道后付村
65	后厅	清	后宅街道后付村
66	忍济堂	清	后宅街道鹤田村
67	中心堂	清	后宅街道鹤田村
68	春记堂（继志堂）	清	后宅街道鹤田村
69	枝连堂	清	后宅街道西关田村
70	叶氏宗祠	清	后宅街道二居委会
71	光裕堂	清	后宅街道二居委会
72	余庆堂	清	后宅街道三村
73	郑义十一公祠（孝义堂）	清	后宅街道洪界村
74	协和堂（大厅）	清	后宅街道寺前村
75	前厅（张锦记）	清	后宅街道新华村
76	何氏宗祠（云礽堂）	清	后宅街道西何居委会

序号	名称	时代	地址
77	弘业堂	清	后宅街道上何村
78	景德寺遗址	宋	后宅街道景德寺村
79	经畲堂	清	后宅街道李祖村
80	景贤堂	清	后宅街道李祖村
81	和顺堂	清	后宅街道下金村
82	朱鸿儒烈士陵园	近代	后宅街道马踏石村
83	圣寿禅寺碑记	元	城西街道圣寿禅寺
84	慕椿堂	明	城西街道梅口村
85	祠堂（楼氏家庙）	清	城西街道后叶村211号
86	牌坊	清	城西街道道流村
87	花厅	民国	城西街道石明塘村
88	童大宗祠（双桂堂）	清	城西街道蒋母塘村
89	十六间（双桂堂）	清	城西街道蒋母塘村
90	余庆堂	清	城西街道桥头村
91	旧厅	明	城西街道里界村
92	松树厅	清	城西街道上杨村
93	后祠堂	清	城西街道上杨村
94	子山厅	清	城西街道五一村
95	牌坊	清	城西街道六一村
96	楼卜厅（慎成堂）	清	城西街道井头徐村
97	祠堂	清	城西街道井头徐村
98	花厅	民国	城西街道何泮山村
99	矮坟山窑址	宋—元	廿三里街道莲坑村
100	中裕祠	明	廿三里街道华溪村
101	虞大宗祠门楼	明	廿三里街道华溪村
102	西庵	明	廿三里街道王店村

序号	名称	时代	地址
103	九间头	明	廿三里街道李宅村任店
104	廿四间头（水缸堂）	清	廿三里街道李宅村任店
105	小荣字太公厅	近代	廿三里街道陶店村
106	十三间头	清	廿三里街道陶店村
107	慎修堂	清	廿三里街道陶店村
108	何氏宗祠	清	廿三里街道陶店村
109	大房厅	清	廿三里街道陶店村
110	克忍堂	清	廿三里街道上社村
111	黄克茂民居	清	廿三里街道上社村
112	旧三中	近代	廿三里街道上社村
113	葛塘厅堂	近代	廿三里街道葛塘村
114	六德堂	清	廿三里街道李唐村
115	楼下厅	清	廿三里街道李唐村
116	三立堂	清	廿三里街道李唐村
117	慎德堂	清	廿三里街道李唐村
118	蓉竹公厅	清	廿三里街道大岭村
119	继序堂	清	廿三里街道东陈村
120	丁氏宗祠	清	廿三里街道丁店村
121	十三间头	清	廿三里街道丁店村
122	十三间头	清	廿三里街道石柱下村
123	竺阳洞题刻	明	廿三里街道华溪村西
124	占鳌祠	民国	廿三里街道里兆村
125	振兴堂	明	廿三里街道前店村
126	杉树厅	明	佛堂镇倍磊葛仙村
127	十一间	清	佛堂镇倍磊葛仙村246号
128	太公屋（叙伦堂）	靖	佛堂镇倍磊葛仙村

序号	名称	时代	地址
129	朱之锡祖墓前石像生	明	佛堂镇金山村
130	八宝山银矿遗址	明	佛堂镇八宝山
131	敬修堂	清	佛堂镇倍磊一村
132	玉田堂	清	佛堂镇倍磊一村
133	大房厅（德生堂）	清	佛堂镇倍磊一村南街 22 号
134	九如公祠	清	佛堂镇倍磊二村东溪路 17 号
135	九思堂	清	佛堂镇倍磊二村
136	懋敬堂	清	佛堂镇倍磊二村
137	敬胜堂	清	佛堂镇倍磊二村
138	陈兴志民居	民国	佛堂镇倍磊二村东溪路 7 号
139	简能堂	清	佛堂镇倍磊三村红场 1 号
140	高明堂	清	佛堂镇倍磊三村
141	义性堂（后仓堂）	清	佛堂镇倍磊四村
142	地主屋（存仪堂）	清	佛堂镇倍磊西街 14 号
143	崇德堂	明	佛堂镇倍磊联群村
144	种德堂	明	佛堂镇云黄山村
145	清润堂	清	佛堂镇长塘村
146	信顺堂	清	佛堂镇东王村
147	云书公祠	清	佛堂镇丁市村
148	王泽华民居	清	佛堂镇商会街 5 号
149	十八间	清	佛堂镇共和巷 12 号
150	"职思其居"民居	清	佛堂镇新屋里 25 号
151	兆丰米厂	清	佛堂镇大文头 60 号
152	张三茂厅	清	佛堂镇大文头 76 号
153	"新南山"民居	清	佛堂镇大文头 75 号
154	懋德堂	清	佛堂镇大文头 67 号

序号	名称	时代	地址
155	植槐堂	清	佛堂镇日顺里 6 号
156	义和里	清	佛堂镇义和里 40 号
157	金堂	清	佛堂镇义和里 26 号
158	银堂	清	佛堂镇义和里 23 号
159	六顺里	清	佛堂镇六顺里 26 号
160	台门口	清	佛堂镇六顺里 27 号
161	利记（八通厅）	清	佛堂镇利记 22 号
162	十四间（五美堂）	清	佛堂镇屋大园 15 号
163	赵钦生民居	民国	佛堂镇大文头 64 号
164	寿春堂	民国	佛堂镇向阳路 29 号
165	灌聪书局	民国	佛堂镇新屋里 37 号
166	"三万头"民居	民国	佛堂镇共和巷 24 号
167	鼎二公祠	清	佛堂镇头甲村
168	鼎五公祠	清	佛堂镇王蒲潭村
169	佑十三公祠（致和堂）	清	佛堂镇稽亭村
170	廉三十公祠（敦本堂）	清	佛堂镇稽亭村
171	旧屋	清	佛堂镇寺前街村
172	仁和堂	清	佛堂镇寺前街村
173	惠吉堂	清	佛堂镇寺前街村
174	王氏宗祠（梧麓宗祠）	清	佛堂镇石壁村
175	有政堂	清	佛堂镇田心二村
176	全院古屋	清	佛堂镇塘下洋村
177	敦厚堂	民国	佛堂镇塘下洋村
178	东岩庵题刻	宋	赤岸镇赤岸一村
179	燕贻堂	明	赤岸镇赤岸一村
180	冯氏宗祠	清	赤岸镇赤岸一村

序号	名称	时代	地址
181	木敬堂	清	赤岸镇赤岸一村
182	太和十八间	清	赤岸镇赤岸一村
183	太昌十八间	清	赤岸镇赤岸一村
184	五房里	清	赤岸镇赤岸三村
185	安前山窑址	宋—元	赤岸镇石城村
186	青芝山陶瓷窑址	宋—元	赤岸镇乔亭村
187	杨氏宗祠	明	赤岸镇乔亭村
188	静修堂	清	赤岸镇乔亭村
189	冯友仁墓	元	赤岸镇神坛村
190	楼下厅	清	赤岸镇神坛村
191	叙伦堂	清	赤岸镇神坛村
192	坞菇山下题刻	明	赤岸镇毛店村
193	王氏宗祠	清	赤岸镇南青口村
194	济美堂	清	赤岸镇上吴村
195	顺义堂	清	赤岸镇上吴村
196	朱氏宗祠	清	赤岸镇杨村
197	六房厅	清	赤岸镇朱店村
198	朱一新故居（含大夫第）	清	赤岸镇朱店村
199	朱怀新故居	清	赤岸镇朱店村
200	砖厅（绍厅）	清	赤岸镇尚阳村
201	旧厅	清	赤岸镇尚阳村
202	荣华堂	清	赤岸镇尚阳村
203	十八间	清	赤岸镇尚阳村
204	观德堂	清	赤岸镇长畈村
205	太平天国时期关隘遗址	清	赤岸镇羊印村
206	太平天国时期关隘遗址	清	赤岸镇前川村

序号	名称	时代	地址
207	王氏家庙	清	赤岸镇前川村
208	楼下厅（发华堂）	清	赤岸镇东朱村
209	朱氏宗祠（报本堂）	清	赤岸镇乔溪村
210	朱氏宗祠	清	赤岸镇莱山村
211	大厅	清	赤岸镇马溪村
212	翰林第	清	赤岸镇雅治街村
213	朱氏宗祠	近代	赤岸镇雅治街村
214	朱献文故居	民国	赤岸镇雅治街村
215	世善堂（东排厅）	明	义亭镇杭畴村
216	何泽森民居	明	义亭镇何店村
217	明厅（六顺里）	清	义亭镇何店村
218	何氏宗祠	清	义亭镇何店村前门塘9号
219	九间头	清	义亭镇何店村
220	街路十八间	清	义亭镇何店村
221	十四间（山门堂）	清	义亭镇何店村
222	十八间	清	义亭镇何店村山塘沿1号
223	旧厅（小公祠）	清	义亭镇何店村平望7号
224	端吾公祠（三房小公祠）	清	义亭镇何店村
225	白虎门厅（花厅）	清	义亭镇陇头朱村
226	梅陇朱祠（盛德堂）	清	义亭镇陇头朱村
227	志成堂	清	义亭镇王阡一村
228	移谷堂	清	义亭镇王阡一村
229	中和堂	清	义亭镇王阡三村
230	小洋房	民国	义亭镇王阡三村
231	世德堂	明	义亭镇王莲塘村
232	王氏宗祠（敦伦堂）	清	义亭镇王莲塘村

序号	名称	时代	地址
233	十八间（正气堂）	民国	义亭镇缸窑村
234	十六间	民国	义亭镇缸窑村
235	十四间	清	上溪镇岩口村井沿 11-13 号
236	广济桥	清	上溪镇岩口村
237	余大宗祠	清	上溪镇余车里半村 166 号
238	镇安桥	清	上溪镇上横塘村
239	五石桥	清	上溪镇雅童村
240	文昌桥	清	上溪镇黄山村
241	花厅	清	上溪镇上溪二村
242	新厅	清	上溪镇上溪二村新厅 22 号
243	书忍堂	清	上溪镇上溪二村
244	致德堂	清	上溪镇祥贝村
245	十一间	清	上溪镇寺口陈村
246	七间	清	上溪镇寺口陈村
247	吴正海民居（福基堂）	清	上溪镇里苍王村 31 号
248	华萼堂	清	上溪镇和平村
249	吴琅起民居（石塔堂）	清	上溪镇南平村
250	金树堂	清	上溪镇南平村
251	理庚堂	清	上溪镇寺口蒋村
252	乐顺堂	清	上溪镇沈宅村
253	抗日首战告捷处	民国	上溪镇萧皇塘村
254	萧皇庙石碑	明—清	上溪镇萧皇塘村
255	总厅	民国	上溪镇贾伯塘村
256	吴山明墓	现代	上溪镇里美山村
257	张宣墓	宋	苏溪镇溪北村水碓塘
258	积善堂	明末清初	苏溪镇溪北村

序号	名称	时代	地址
259	张大宗祠	清	苏溪镇溪北村
260	楼氏宗祠	明	苏溪镇东青村
261	源远堂	明	苏溪镇后店大水地村
262	张湍墓	宋	苏溪镇安福寺村
263	裕珍堂	清	苏溪镇齐山楼村
264	带经堂	清	苏溪镇殿下村
265	三德堂	清	苏溪镇西山下村
266	范家大厅（范家厅堂）	清	苏溪镇范家村
267	三十六间（怀德堂）	清	苏溪镇新乐村
268	宁远堂	清	苏溪镇东湖门村
269	十三间（承志堂）	民国	苏溪镇同春下娄村
270	务德堂	民国	苏溪镇翁界村
271	蒋仲苓旧居	民国	苏溪镇蒋宅村
272	烈士陵园	现代	苏溪镇楼存傅村
273	烈士陵园	现代	苏溪镇上大路村
274	百尺楼	明	大陈镇李孟宅村
275	诒燕堂	明	大陈镇丁店村
276	楼氏宗祠（敦伦堂）	清	大陈镇溪后村
277	楼氏小宗祠（聚奎堂）	清	大陈镇溪后村
278	蒋氏宗祠（缵绪堂）	清	大陈镇互拥村
279	金氏宗祠（中山堂）	清	大陈镇红峰村
280	节孝亭	清	大陈镇楂林二村
281	一木厅	清	大陈镇凰升塘村
282	下厅（太平天国兵营遗址）	清	大陈镇凰升塘村
283	和乐堂	清	大陈镇塘坞村
284	邵大宗祠（仁寿堂）	清	大陈镇楂林马畈村

序号	名称	时代	地址
285	十八间头（余庆堂）	清	大陈镇楂林岗头村
286	楼氏宗祠（敦伦堂）	清	大陈镇善坑村
287	骆氏宗祠	民国	大陈镇郎坞村
288	杜门书院（傅氏宗祠）	清	大陈镇杜门村
289	东塘烈士墓	清	大陈镇杜门村
290	善正堂	清	大陈镇大陈一村后街54巷7号
291	大陈烈士墓	现代	大陈镇村

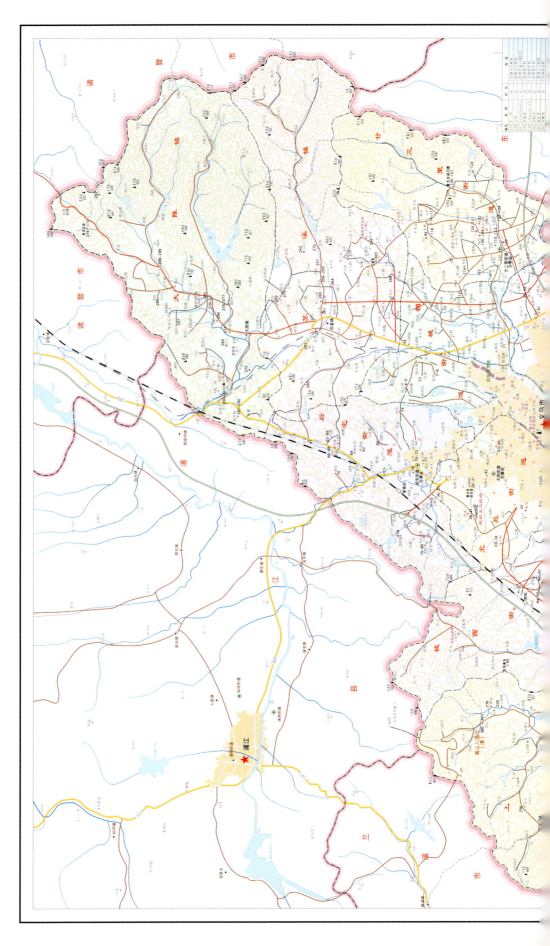

义乌市历史文化遗产分布图

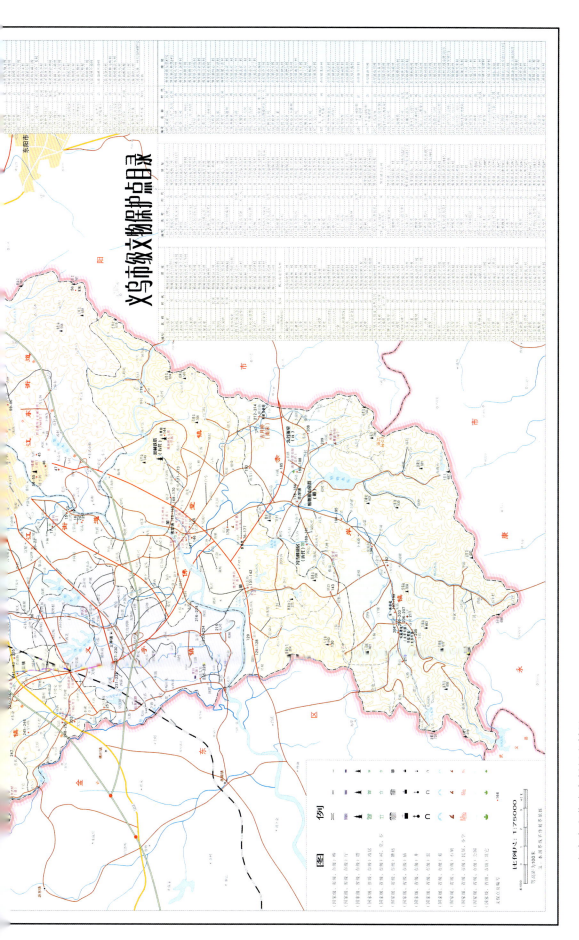

义乌市级文物保护点目录

▪后 记 ————————————

　　我们将义乌市的部分历史文化遗产,其中多数为已公布的各级文物保护单位,同时在已公布的291处市级文物保护点中择要辑录成册,对其概况作简要介绍。今天我们回过头来重新审视自己民族的文化,不能不由衷地赞叹其顽强的生命力和璀璨的光辉,看到这些谁能不为之怦然心动并深感自豪呢。

　　义乌的历史悠久,文化积淀丰厚,编者希望通过这本书向读者介绍义乌的历史文化遗产,对于解读其所蕴涵的历史文化信息起到一定的帮助作用。本书的编辑出版是在上级主管部门的支持、博物馆全体同仁的共同努力下完成的。在本书付梓之际,谨对关心和支持本书出版并为之付出辛勤劳动的同志们表示诚挚的谢意!

　　由于编者水平有限,加之时间仓促,书中谬误、疏漏之处在所难免,望专家不吝指教。

编　者
2006 年 8 月